"Déjame que te cuente…"

Volumen III

Presentación

En un tercer volumen se ha prolongado la trayectoria de contar nuestras historias de migrantes hispanos a los Estados Unidos de América. El trabajo es continuo y sin duda alguna no tendría fin, considerando los millones de hispanos que nos encontramos radicando, a veces por azares del destino, en esta tierra, lejos de nuestros seres más queridos y donde día a día plantamos semillas para sentir que de alguna manera el destierro no ha sido en vano.

Es un recuento de memorias y reflexiones para que a las futuras generaciones les sirva como legado de lucha y de perseverancia. Está escrito con la esperanza de que a la vez cada ejemplo sea considerado un modelo para inspirarles a vislumbrar sus propios éxitos personales y profesionales.

Ana María González

Presentation

In this third volume, we have prolonged the work of telling our stories as Hispanic immigrants in the United States of America. The work is continuous and more likely it would have no end, especially if we consider the millions of Hispanics residing, sometimes against our will or just by chance, in this land, far away from our loved ones. We go day by day planting seeds in order to believe that in one way or another, our exile has not been in vain.

It is a recollection of personal memories and reflections for future generations, as a legacy of struggle and perseverance. It is written at the same time in hope that it would serve as a model by which they can foresee their personal and professional success.

Ana María González

"Déjame que te cuente…"

Volumen III

- Antología -
Historias de inmigrantes hispanos

Compiladora y editora:
Ana María González
Asistentes editoriales:
Amalia Barreiro de Gensman y Theresa Caswell Jensen

- Anthology -
Stories by Hispanic Immigrants

Compilator and Editor:
Ana María González
Assistant editors:
Amalia Barreiro Gensman and Theresa Caswell Jensen

Chiringa Press
Seguin, Texas 2014

Portada: Suerte para el bingo, Paraguay 2014
Fotografía: Ana María González
Diseño: Michael Godeck

Volumen III - Primera edición 2014
©Ana María González et al.
chiringapress@gmail.com
Print: ISBN 978-1-61012-030-2

Para Alicia, quien ha cruzado la última frontera...

To Alicia, who has crossed the last frontier...

Entre universos

Amalia Barreiro de Gensman

Alicia Migliarini,
de español maestra era
con risa de castañuela
y con alma aventurera.

Ojos verdes cristalinos
con su flor en la cabeza
alta, esbelta y muy coqueta
y por afición, poeta.

Recuerdo noches bohemias
tocándonos la guitarra
cantando coplas y tangos
compartiendo entre colegas.

Gracias amiga querida
por tu sonrisa y tu tiempo,
sigue cantando en el cielo
que aquí te estamos oyendo.

Hacia el norte: fragmentos de una memoria familiar

Gabriel Trujillo Muñoz

A mis padres

I

¿Qué frontera es la frontera que soy, la que me ha formado desde que era niño, la que me sigue enseñando cosas a mis 55 años de vida? Debo decir que si has nacido o vivido en la frontera México-Estados Unidos, lo primero que aprendes es a hacer a un lado los estereotipos que muchos viajeros, nacionales y extranjeros, han creado al pasar por esta zona del mundo. La convivencia diaria con el otro, con los otros, que al final son uno mismo, es una experiencia reveladora. Reveladora en un doble sentido: porque nos permite ver con claridad que la frontera, por más trincheras y alambradas que se le construyan, acaba uniendo antes que desuniendo a los que viven a su sombra. La visión de una frontera terrible y violenta es tan cierta como la realidad de una frontera de trabajo común y espíritu de sacrificio.

El fronterizo, sea mexicano o estadounidense, sea chino, japonés o coreano, sabe que el esfuerzo compartido establece un lazo indisoluble más allá de juicios y prejuicios. Y, por otra parte, es reveladora porque para quien la experimenta todos los días, la frontera sigue siendo una lección de vida y un ejemplo de terquedad y resistencia. Quizás porque la frontera en que vivo es un arenal interminable, una tierra dura y hostil, a la vez plena en su naturaleza viva y resistente en su luz curativa y traslúcida. Es un cerco de alambre de púas, un muro de láminas corrugadas, un yonque lleno de objetos de segunda y una ciudad, como Mexicali, que es un espejismo en medio del desierto. Pero no al estilo maravilloso de un cuento de las mil y una noches sino como un monstruo mutante de una película barata de ciencia ficción.

La mejor imagen de la frontera actual está en la larga fila de autos o personas que esperan cruzar al otro lado, al verde paraíso de los dólares. ¿Y qué es el otro lado para un fronterizo? No Disneylandia, Hollywood o Las Vegas, sino algo más modesto: la otra cara de nuestra misma realidad, una realidad de poblaciones rurales, horizontes planos donde la vista se pierde en la lejanía, campos de cultivo y centros comerciales con las mismas franquicias que en cualquier otra parte del orbe y donde se habla en español antes que en inglés. La frontera es más que una línea vigilada por aviones a control remoto, patrullas de la migra, túneles para el contrabando de drogas y tiroteos entre narcos. Es más que emigrantes ahogándose en los canales del río Colorado o muriendo deshidratados bajo el implacable sol del verano.

¿Qué es, entonces, la frontera para un fronterizo como yo, nacido en Mexicali en 1958, apenas a unas cuadras de la línea internacional? Yo diría que la frontera es una forma de ver a los otros (en mi caso: a los estadounidenses, a los anglosajones) sin aureolas de leyenda, sin reverencias de por medio. Un aceptar que el paisaje, que este paisaje a la Georgia O'Keefe, sigue siendo parte vital de nuestra existencia colectiva; que esas imágenes de los westerns clásicos no han desaparecido del escenario del mundo porque todos los atardeceres las contemplo como el resplandor vivaz de una naturaleza en llamas; que el choque entre dos culturas, como la latinoamericana y la anglosajona, puede sacar chispas de violencia e intolerancia, pero también puede incendiar la imaginación de sus artistas.

II

Del pasado, de su pasado, mi padre hablaba poco. Cuando le pedía me contara de las aventuras de su infancia o adolescencia, sólo me mostraba una foto suya, tomada en 1925, cuando tenía unos 4 ó 5 años de edad. Mi padre niño mira a la cámara con azoro. En su cinto cuelga un revólver 33. Por él, sé que en su pueblo, Chinicuila del Oro, mi abuelo era el comerciante del pueblo y que mi abuela murió por una picadura de alacrán, cuando mi padre sólo contaba con tres años. El niño de la pistola, entonces, es un niño huérfano de madre. Pero la pistola dice mucho: es un símbolo de la violencia que lo rodea. Su pueblo es pueblo de masones, de librepensadores, pero los pueblos vecinos son de cristeros que vienen a Chinicuila y matan a muchos familiares. Esa pistola se transformará, cuando mi padre cumpla 16 años, en un violín y en un rifle máuser... Música y estruendo... Melodía y muerte. Será primero músico de banda en su pueblo, de ésos que acompañan las bodas, los bautismos o los sepelios. Luego, su habilidad con el violín lo llevará a enrolarse en el ejército a instancias de su hermano mayor, Manuel, que ya pertenece a la milicia. Será músico del ejército y llegará, después de haber estudiado en la escuela militar de Comunicaciones en Texcoco, a ser sargento. Pero la carrera militar no es lo suyo.

—¿Alguna vez peleaste una batalla? —le preguntaba desde mi ignorancia de niño.

—No. Pero estuvieron a punto de matarme.

—¿Cómo? ¿Cuándo?

—Llevábamos a unos presos, unos asesinos, de Mazatlán a la ciudad de México. Íbamos en tren. Ellos eran cuatro y nosotros éramos tres soldados como guardias. Íbamos en el vagón trasero y uno de los presos logró quitarse las cadenas. Golpeó al sargento y le quitó el arma a mi otro compañero. Entonces levanté mi rifle y le grité que tirara el rifle o lo mataba. Vi sus ojos y pensé que iba a dispararme. Corté cartucho y le apunté con firmeza. Yo tenía 18 años y si hubiese visto que temblaba, me habría disparado sin pensarlo dos veces. Fueron unos segundos eternos.

—¿Y qué pasó? —yo insistía.

—El sargento era un cabeza dura. Se incorporó en ese momento y le devolvió el golpe al preso. Lo bueno es que los otros prisioneros no siguieron al levantisco y pudimos entregar a todos a las autoridades correspondientes. Eso fue lo más cerca que estuve de morir en el ejército. El resto del tiempo lo pasé tocando, con la banda de música, en los quioscos de pueblo o sirviendo como telegrafista y radio-operador en aeropuertos militares.

En 1944, mi padre deja el ejército y entra a trabajar en la Compañía Mexicana de Aviación. En 1950 se enamora de una muchacha jalisciense de ojos vivaces, mi madre. Primero viven, ya casados, en Mazatlán. Luego pondrán los ojos más al norte.

III

Mis padres llegaron a la frontera norte mexicana después de un largo periplo. Las estaciones de su travesía fueron Guadalajara-Mazatlán-Mexicali. Del sur conservador al puerto de las sirenas del carnaval. De la ciudad marítima a la urbe del desierto. El linaje de mi madre es el linaje de la guerra: las de la Reforma, Revolución y Cristera. Un linaje de vidas cruzadas y miedos colectivos, de personalidades obcecadas y defensa de sus creencias a sangre y fuego. Familia con raíces guanajuatenses (donde la vida no vale nada) y jalisciences, cuyo centro son los Altos de Jalisco, con sus ranchos ganaderos, sus presas naturales y pueblos inmóviles en sus usos y costumbres. Familia con antepasados franceses y españoles, que dieron, con los años, una variopinta descendencia de mujeres altas con cabelleras pelirrojas.

Pero mi madre, con su pelo negro, fue la morena de la familia, la niña que al no tener el look extranjero, tuvo que valerse de su propio esfuerzo para hacerse un lugar en una familia numerosa, donde los hombres podían hacerlo todo y las mujeres debían obedecer. A mi madre obedecer no se le daba. Ella quería pintar pájaros azules, quería aprender geografía y conocer el mundo. Pero era una muchacha espigada que, en la realidad familiar, sólo tenía como destino casarse y tener hijos. Muchos de sus sueños toparon con el muro de las tradiciones. Ella, sin embargo, nunca se dio por vencida. Y como todo en su vida lo hizo por sí misma, creó un sistema donde la gente debe darse su lugar, debe avanzar sin deberle nada a nadie. Como ella lo hizo.

Cuando conoció a mi padre, vio en aquel joven radiotelegrafista una oportunidad de vivir fuera de la sombra familiar porque entre más lejos, mejor. Primero vivieron en Mazatlán, donde pronto limpió de sirenas el departamento de mi padre y lo convirtió en una casa para ellos solos. Y allí demostró que no iba a ser un ama de casa más, que no esperaría a su marido haciendo los quehaceres hogareños y escuchando las radionovelas de moda.

—Tu padre vivía sin muebles. Un camastro era todo el mobiliario. Le dije: "Yo no puedo vivir así". Pero su salario no alcanzaba para comprar mesas, sillas, cómodas, burós, sofás y sillones. Así que, sin decirle una palabra, me puse a coser vestidos para las fiestas del carnaval. Vestidos, no disfraces, para los bailes de lujo. Una amiga de la alta sociedad me consiguió las primeras clientas. En semanas ya no podía tomar pedidos. Tu padre puso el grito al cielo: él era el que traía el dinero a la casa. "Pues ahora ya somos dos", le contesté. Y en un mes ya teníamos mesas, sillas, cómodas, burós, sofás y sillones. Yo hacía el quehacer en el día y los vestidos por la noche. No dormía. Pero así salimos de aquel departamento y tuvimos una casita. Todos esos muebles que compré en Mazatlán me los traje a Mexicali. Y de ahí en adelante, no dejé de hacer cosas para comprar un auto, un terrenito; para pagar albañiles y levantar nuestra casa.

Así es mi madre: una luchadora nata que no acepta las cartas que le ha dado el destino, una mujer incansable que se crece en las malas, que da la cara a todo reto o desafío. En su niñez vivió en un paraíso pleno de ojos de agua, mariposas gigantescas y colinas verdes, y eso no lo puede olvidar. Es el fulgor de su infancia, cuando andaba libre por el campo y cuando para ir a la escuela debía cruzar entre toros de lidia, la naturaleza de pájaros piando y la hierba húmeda dándole la bienvenida cada mañana, lo que la mantiene trabajando y lo que la hace cantar incluso en este desierto tan lejano a su tierra natal. Una mujer que ha hecho de sus mudanzas una lección de vida. Pero incluso ahora, a sesenta años de distancia de haber llegado a la frontera, continúa siendo alguien que no se acostumbra al paisaje del desierto, a su clima caluroso, a su falta de plantas de todos los colores. Por eso, mientras se ocupa de sus quehaceres, tararea:

¡Ay, ay, ay, ay!

Canta y no llores,

Porque cantando se alegran,

Cielito lindo, los corazones

Tal es mi madre: una persona recia y voluntariosa, cincelada en el combate diario, anticipada a su tiempo, que nunca ha aceptado las cosas como son, que jamás se ha dado por vencida. Una mujer que ha creado sus propias reglas para cimentar a nuestra familia, para hacer de este desierto un jardín, para vivir a su modo cada momento de su existencia.

—A mí nadie me detiene —me afirma desde su actitud siempre despierta, desde su mirada penetrante.

Y eso no es una verdad: es un artículo de fe. Su lema de batalla. Su escudo de armas.

IV

Cada verano mis padres se van de vacaciones al sur. Mi madre me lleva a Guadalajara, con sus calles empedradas y su lluvia una tarde sí y otra también. En Mexicali sólo somos nosotros tres, pero en Guadalajara la familia se multiplica. Mi abuelo Isabel y mi tío Pedro me llevan a los torneos de charrería y luego, con mi tía Amparo, vamos al parque Agua Azul y comemos carnitas en los mercados populares. En Colima, en donde está la mayor parte de la familia de mi padre, vamos a la playa o a los ingenios azucareros. Si Guadalajara es tierra colorada, Colima es selva pura, verde, con animales sigilosos, como culebras y alacranes, monos y pájaros multicolores, que entran, sin pedir permiso, a las casas de mi tía María y mi tío Manuel.

Al regresar a Mexicali me doy cuenta que no añoro nada del sur.

Es otro mundo. Un mundo fascinante, pero no es mi mundo. Esa es una sensación extraña: me gusta ver este paisaje plano, polvoso, poco colorido, sin contrastes. Aquí nada corta la mirada. Aquí todo está a la vista, sin obstáculos. Y este sol del norte es un sol fuerte, implacable, que por más que me queje de él no cambio por aquellos soles pálidos, siempre cubiertos por nubes, del sur del país.

Me gusta regresar a Mexicali. Me gusta volver a "ésta tu tierra", como dice mi madre en tono de reprobación, donde la vida es arena volando, luz naciendo. En estos confines que son puros espacios abiertos siento que es mi casa. No una de abolengo, como las del sur de México, sino una casa improvisada, que se hace como se puede, que se construye contra todos los pronósticos y todas las adversidades, contra el calor del verano, los terremotos intensos, las plagas de grillos y la falta de verdores y jardines. Si algo me define es ser fronterizo, es vivir sin resquemores en la periferia de mi patria.

V

La línea está ahí desde que la recuerdo: una alambrada divisoria. Y sin embargo, he visto atravesarla una y mil veces por gatos, hombres y mujeres que lo hacen a diario. Siempre está llena de agujeros que propician el paso de quien se atreva. En ella crecen plantas y los árboles se enredan en sus rombos de metal. Al otro lado está Caléxico, los campos de cultivo del Valle Imperial, las patrullas de la "migra", los aviones a propulsión a chorro que en número de tres vigilan la frontera desde gran altura. De vez en cuando las avionetas de fumigación descienden tanto que uno cree que van a estrellarse contra el suelo. Cuando paso con mis padres a Caléxico, no tardamos más de diez minutos, aunque haya una buena hilera de carros. El guardia fronterizo gringo ve rápidamente el pasaporte de cada quien y nos deja pasar sin más preámbulo. Pocas veces nos pregunta qué traemos de México o a dónde vamos. Mucho menos hace que mi padre se baje y abra la cajuela trasera del auto.

Sí, la línea está ahí desde que la recuerdo. Una alambrada en cuya cúspide brilla una corona de púas: sus filos destellan duros, lacerantes, agresivos. A tantos años de distancia, voy con mi madre y le preguntó:

—¿Por qué no emigraron al otro lado?

—Pudimos hacerlo –responde mi progenitora–. No quisimos.

— ¿Por qué?

—No era nuestro modo de vida. Tu padre y yo teníamos entonces parientes en California. Yo en Los Ángeles y él en Anaheim, muy cerca de Disneylandia. Ya murieron, pero ellos nos decían que nos pasáramos, que siempre había trabajo en los Estados Unidos, aunque a mí nunca me convencieron. Y tu padre, que en paz descanse, era cardenista, nacionalista de los buenos. Primero México y siempre México, ése era su credo y el mío. Y por eso nos quedamos en la frontera. Aquí teníamos lo mejor de sus productos pero seguíamos siendo mexicanos. Nunca nos arrepentimos.

En mi niñez, los sábados, si mi padre tenía el día libre, pasábamos al otro lado. Íbamos de compras, en el Plymouth 1956 de mi progenitor o en el Plymouth Belvedere 1965 de mi madre, a las tiendas de El Centro, California, a 20 kilómetros de la frontera. En sus grandes almacenes, mis padres compraban aparatos eléctricos o muebles para la casa, los comestibles para el fin de semana. Pasar a los Estados Unidos era un trámite donde no entraba ni la sospecha ni la paranoia en semejante ritual.

Luego de las compras, el ritual exigía que llegáramos a comer al restaurante-buffet estilo viejo oeste: el Cameo. En la calle principal de El Centro, el Cameo lo dirigía un pionero que muestra, orgulloso, pinturas de indios y vaqueros, con fotos antiguas del Valle Imperial. Allí la especialidad eran las costillas de res, la barbacoa y los cortes de carnes de puerco. La mayoría de su clientela eran viejos residentes que buscan la comida de antaño y mexicanos, como nosotros, que saboreábamos su abundante variedad de platillos caseros.

Más tarde, "para bajar los alimentos", caminábamos por la calle, entrando y saliendo de las tiendas. En alguna de ellas descubrí libros sobre países del mundo a menos de un dólar. Mis padres me compraron varios de Alemania, Japón e Inglaterra. Regresábamos a casa, cansados a más no poder, pero felices por la travesía. Aún ahora, lo que no se me olvida de aquellos viajes son los campos de cultivo bien trazados, las trilladoras que desmenuzan la tierra, los grandes camiones donde cargan melones, cebollas y sandías. Mexicali y El Centro son pueblos rodeados de actividad agrícola, de becerros que nos miran pasar como manchas fugaces, de tierras en surcos que brillan bajo el sol. Yo abro uno de mis libros recién adquiridos: el monte Fuji, cubierto de nieve, me recuerda por contraste el desierto en que vivo, las arenas que soy.

VI

Ahora que lo pienso creo que toda mi perspectiva de la frontera surge de que mis padres, nacidos en el sur del país y que teniendo la oportunidad de emigrar a los Estados Unidos, prefirieron quedarse en Mexicali a hacer sus vidas y aquí, en el lado mexicano de la frontera, se pusieron a fincar su destino, un destino que acabó siendo el mío. Recuerdo que nos visitaba una hermana de mi madre que vivía en Los Ángeles y que siempre llegaba a nuestra casa con regalos y con historias de lo bien que les iba en el otro lado. Pero mi madre, después de prepararle alimentos al estilo Jalisco que devoraba al instante, solía responderle con absoluta confianza:

—Gracias, pero aquí estamos bien.

Y eso mismo digo ahora: me encanta la frontera por las oportunidades que me da de ver las luces y las sombras del imperio americano, pero me gusta verlas desde este lado de la línea, desde éste mi país que se agrieta y despedaza y que, sin embargo, sigue en pie y avanzando. Como mis padres, también afirmo que a pesar de todos los pesares, aquí es donde quiero estar. En esta tierra de nadie que es tierra de todos, en este sitio de paso y de permanencia, donde conviven los nómadas y los sedentarios. O mejor dicho: donde convive lo nómada y lo sedentario que cada quien lleva consigo. Tal es la frontera que me ha tocado vivir y conocer, tal es la realidad que me pertenece por derecho de querencia y terquedad.

Migraciones interiores, ésa es la mejor definición que tengo del periplo de mi familia. Gente que se marchó de su tierra para ir al norte, para enfrentar los riesgos que vinieran por cuenta propia, sin el apoyo de parientes, sin la asistencia de conocidos. Y que cuando llegaron a la frontera, tampoco hicieron lo que muchos otros tenían como meta: cruzar al otro lado, tomar para sí el paraíso de los dólares.

Mis padres, en cambio, forjaron su destino en la mismísima línea internacional. Tomaron para ellos lo mejor de ambos mundos. Mis padres, orgullosos y cumplidores, levantaron su casa y crearon un hogar en la orilla de México, en la ciudad de Mexicali, bajo un sol abrasador.

De ese linaje vengo.

Tal es mi signo de identidad.

1968: Hacia la tormenta

Ésta es la luz que habla
en susurros pero habla desde el asiento trasero de un Plymouth 1956
rumbo al norte: al Centro de las cosas: donde los ángeles
son destellos en el cofre del auto: un brillo en la antena
que oscila a 55 millas por hora
¿Qué escuchamos en este momento
mis padres y yo? ¿Una canción de los Beatles? ¿Una pieza
de Montovani? ¿A qué año me refiero cuando digo ahora?
1966 tal vez: no: un poco más adelante: 1968
Un buen año en sus comienzos: dicen que habrá olimpiadas
en México y los astronautas van a intentar descender en la luna

El futuro está con nosotros y usa casco de superhéroe
el desierto está con nosotros y nos deslumbra con sus espejismos
y sus campos olorosos a fertilizantes: vamos: aprisa:
quiero llegar a las tiendas repletas de juguetes: a las tiendas
donde los dulces brillan en su plástico alucinante: vamos
nos aguarda el buffet a la vaquero gringo con sus panes
enormes y sus trozos inmensos de cordero asado en salsa de barbacoa

Ésta es la luz de la que hablo
en aquellos instantes suspendidos en la nada: como un espejismo
que nos cubriera haciéndonos parte suya: el auto acelera
y mi padre ríe al ver las mariposas que se estampan en el parabrisas
mientras mi madre se entristece al ver tanta belleza destruida
esos colores son los de su infancia en el paraíso del sur
en ese reino donde abundan el agua y sus verdores

¿Qué hago aquí?
¿A dónde me dirijo más allá de un sábado de compras
a las diez de la mañana? Luego vuelvo mi atención
a esos gritos que salen de la radio: "Quita esos berridos"
Dice mi madre y dejo de oír la voz de Janis Joplin
Vuelven las melodías instrumentales que me adormecen
y luego las noticias de lugares lejanos que dan a conocer
el número de soldados muertos en Vietnam: hoy fueron 37

Déjame que te cuente...

y hay lucha en Saigón: tomo mi metralleta de juguete
y disparo contra el enemigo: nadie queda en pie
cuando termino de jalar el gatillo: ¿quién lo diría?
He matado a cientos y en clase odio toda disciplina militar
hacer ejercicios y marchar por horas para el desfile
de la independencia nacional: sólo soy héroe en mi imaginación
sólo peleo batallas en mi mente: como en una película
donde la guerra es un espectáculo estruendoso: una fiesta
explosiva con cohetes al aire y colores luminosos
cayendo a tierra como relámpagos
Nada es real
Bajo el vidrio: percibo el aire helado que golpea mi cara
es bueno estar vivo y respirar sin dificultad: ser hijo
de la luz que me cimbra de cuerpo entero

La autopista sigue hacia el norte
hacia el paraíso donde los ángeles habitan: un mundo
de muchachas bailarinas y perros que aman a los niños
de vaqueros intrépidos y piratas desalmados: una ciudad
donde los dibujos animados viven en grandes mansiones
y en cada garage hay naves del espacio a punto de saltar
hacia la Luna: un mundo de luces inagotables
que yo veo desde la distancia: como un resplandor creciente
tras las montañas de piedra: tiempo después sabría
que por esta carretera pasaron en sus autos
Rodolfo Valentino y Tyron Power: Lana Turner y Ava Gardner
Los dioses y las diosas de Hollywood en sus días
de impecable poderío: en sus épocas de triunfo
en la pantalla: pero ahora sólo nos acompañan
los hippies a la easy rider: en sus motos gigantescas
libres en sus vestimentas y cabelleras: con sus barbas
de profetas bíblicos: son como soles que deslumbran
en su paleta de colores: mariposas que zumban
mientras el cielo se vuelve diamante puro: un tapiz
de gritos y carcajadas: de música ruidosa y aullidos
de coyotes: libres en una forma exultante: de un modo imprevisto
y jubiloso: ellos que son apariciones de un espejismo
que me quita la modorra: por más que los denigren
son como ventanas entreabiertas a un mundo más extraño

que la dimensión desconocida: y luego están
las muchachas que los acompañan: esas ninfas que se visten
como mi abuela pero con atuendos transparentes: como
hijas de una danza que es remolino y frescura: eternidad
y contemplación: en sus ojos hay más universos
que todos los recorridos en un viaje a las estrellas

¿Pero quién soy ahora?
Sólo este niño abandonado a sus alucinaciones
En el asiento trasero de un Plymouth verde 1956
Yendo de su casa fronteriza en Mexicali a El Centro: California
Participando del antiguo ritual del shopping: aprendiendo
Que la luz cambia las cosas: trastoca los reflejos
De la existencia: da otro color a las palabras que pronuncia
Sin entenderlas del todo: Main street: free gift: great opening
Un niño que suma lo intangible con lo tangible: lo oscuro
Con lo luminoso: los cercos de púas con las barras cremosas
De chocolate: los guardias de la aduana estadounidense
Con las camareras blanquísimas que atienden la fuente de sodas
Los camellos de Camel con las dunas que se avizoran desde la carretera

No sé quién soy ahora
Y sin embargo las arenas se mueven en mi memoria
Y dejo de ser sal y sombra: vida y luz: para volverme
Una distancia que se alarga: una carretera
Que es el propio paraíso: con padre y madre a bordo
En un auto que atraviesa los campos de cultivo y se pierde
Más allá de mí mismo: en ese 1968 que comenzaba
Con los mejores augurios: un mundo sin fisuras: un desierto
Donde el tiempo brillaba para siempre
Como la luz del sol en el parabrisas
Mientras alguien cantaba: "El amor es una cosa esplendorosa"
Y los tres pasajeros de aquel viaje sonreíamos al unísono
Felices de ser quien éramos: de vivir como vivíamos
Una familia más a la orilla de la civilización
Participando en la misma: inolvidable travesía: con el viento
En la cara y el júbilo brotándonos por cada poro

Déjame que te cuente...

Esta es la luz que hablo
Esta es la canción que canto cuarenta años más tarde
Como una celebración por aquel viaje con mariposas muertas
Y el aire tibio del mediodía que se colaba en el auto
Y las voces de mis padres como la lengua de los ángeles
Que nunca volvería a oír: a disfrutar como en ese
Momento de iluminación: ante ese atisbo de trascendencia
A los nueve años de mi edad: con el sol en la cara: en un Plymouth
    verde 1956

Northbound: Fragments of Family Memories

Gabriel Trujillo Muñoz

For My Parents

I

Which border am I? The one that has shaped me from childhood, the one I am still learning from after 55 years of living there? I must say that if you were born or have lived on the Mexico-U.S. border, the first thing you learn is to disregard the stereotypes created by many national and international travelers passing through this part of the world. Every day, one lives with the other, with the others who are, after all, oneself. It is a revealing experience. It is revealing in more than one way because it allows us to see clearly that the border, no matter how many trenches and wire fences they build on it, ends up uniting, rather than bringing apart, those who live in its shadow. The image of a terrible, violent border is as real as the border that shares hard work and a spirit of sacrifice.

The fronterizo (the frontier man), whether from Mexico or the U.S.A. or be it Chinese, Japanese or Korean, knows that a common effort forges an unbreakable bond, a bond stronger than any prejudice. On the other hand, it is also revealing because, to those who experience it every day, the border is still a life lesson, a model in stubbornness and resilience. Perhaps because the border I inhabit is an endless sand pit, a harsh and hostile land, one that thrives by its lively, resilient nature in its healing, translucent light. It is a barbed-wire fence, a wall of corrugated metal, a junkyard, a city... Like Mexicali, a mirage in the middle of the desert, not in the wonderful style of the Arabian Nights, but rather like a mutant monster in a cheap science fiction movie.

The best reflection of today's border can be found in the long lines of cars or people waiting to cross to the other side, into the green paradise of the dollar. What is the other side for a fronterizo? Not Disneyland, Hollywood or Las Vegas, but rather something more modest: the other side of our own reality, a reality of rural villages and, as far as the eye can see, horizontal planes with fields, and malls loaded with the same franchises where, much like any other part of the planet, Spanish is spoken more than English. The border is more than a line surveyed by flying drones and immigration patrols, drug-smuggling tunnels and shootouts between drug traffickers. It is more than migrants drowning in the canals of the Colorado River, or dying of dehydration in the unforgiving summer sun.

What is the border, then, for a fronterizo like me, born in Mexicali in 1958, barely a few blocks from the international line? I would say the border is a way of seeing others —in my case, Americans, Anglos— without any heroic halos, without undue reverence. It´s accepting that this landscape, a Georgia O´Keefe-style landscape, is still a vital part of our collective being. The images appearing in classic western films have not disappeared from the world stage because I watch them every evening. It is the lively shining of a burning nature, the clash of two cultures, such as the Latin American and the Anglo, which might ignite sparks of violence and intolerance, but can also fire up the imagination of an artist.

II

My father seldom speaks about the past, his past in particular. When I used to ask him to tell me about the exploits of his childhood or his youth, he would only show me a picture of himself, taken in 1925, when he was 4 or 5 years old. My father, the child, is looking into the camera with amazement. By his hip hangs a .33 revolver. From him I´ve learned that in his village, Chinicuila del Oro, my grandfather was the village merchant, and that my grandmother had died from a scorpion sting when he was only 3. The boy with the gun, then, is an orphan. But the gun speaks loudly; it´s a symbol of the violence that surrounds him. The village is a village of freemasons, of free thinkers. But the nearby villages are controlled by the Cristeros who ransack Chinicuila and kill many family members. When my father turned 16, that gun would be transformed into a violin and a Mauser rifle… Music and noise… Melody and death. At first, he was a musician in his village band, the kind of band that plays at weddings, baptisms, and burials. Later, his skill with the violin would get him to join the army, advised by his older brother Manuel, who was already a member of the militia. He would become a military band musician, and after studying at the military school of communication in Texcoco, he would reach the rank of sergeant. But a career in the military was not his thing.

"Did you ever fight in any battles?" I would ask him, childishly.

"No. But I was almost killed."

"How? When?"

I enjoyed listening to his story: "We were escorting some prisoners, murderers, from Mazatlán to Mexico City. We were on the train. There were four of them, and we were only three guards. We were in the caboose and one of the prisoners managed to break free from his chains. He hit the sergeant and took the gun from my other partner. I raised my rifle and shouted at him to put down his rifle or I would shoot him. I looked into his eyes and thought he was going to shoot me. I cocked the gun and pointed at him firmly. I was 18, and if he had seen me tremble he would have shot me without giving it a second thought. Those were some endless seconds."

"And what happened?" I insisted.

"The sergeant had a hard head. At that moment he got up and hit the prisoner. We were fortunate the other prisoners didn´t go along with their mate. We were able to turn them all in to the authorities. That is as close as I came to dying in the army. The rest of the time I spent playing with the band in village gazebos, or serving as a telegraph and radio operator in military airports."

In 1944, my father left the army and went to work for the Compañía Mexicana de Aviación, the national aviation company. In 1950 he fell in love with a bright-eyed girl from Jalisco, my mother. Once married, they first lived in Mazatlán. Later, they would set their sights further north.

III

My parents arrived in the Northern Mexican border after a long journey. The stops in their trip were Guadalajara, Mazatlán and Mexicali; from the conservative south to the port of the carnival mermaids; from the city on the coast to the city in the desert. My mother´s is a lineage of war, from the Reformation, to the Revolution, and to the Cristero War: a lineage of crisscrossed lives and collective fears, of headstrong personalities defending one's beliefs by any means. A family with roots in Guanajuato, where life is not worth anything and the Altos de Jalisco Mountains, with their livestock ranches and natural dams and villages set in their traditions and customs, a family with French and Spanish ancestry that produced, over the years, a colorful line of tall, redheaded women.

But my mother, with her black hair, was the dark one in the family. The girl who, having been deprived of the foreign looks, was left to her own devices to find her place in a large family. A family where men were allowed to do anything and women had to obey. It was not in my mother's nature to obey. She wanted to paint bluebirds, learn geography, and travel the world. She was a skinny girl who, because of her family's situation, was destined only for marriage and children. Many of her dreams crashed into the wall of tradition. But she never gave up. And since everything she did in life she did by herself, she developed a belief system where people had to find their own place, move ahead without owing anything to anyone. Just the way she did.

When she met my father, she saw in the young telegraph operator a chance to move away from the shadow of her family, the farther the better. First they lived in Mazatlán, where she cleaned my father's apartment of mermaids and turned it into a home for the two of them. That´s where she demonstrated she was not going to be just another housewife, that she would not just wait for her husband while doing the chores and listening to radio soaps.

"Your father had no furniture. A cot was all we had. I said to him: 'I can't live like this.' But his pay was not enough to buy tables, chairs, desks, sofas, and armchairs. So, without saying a word to him, I started to make dresses for the carnival. Dresses for the luxury balls, not costumes. A high society friend got me my first customers. After a few weeks, I could not take any more orders. Your father was furious. He was the provider in the family. 'Well, now there are two of us,' I told him. In a month's time we had tables, chairs, dressers, desks, sofas and armchairs. I did the chores during the day and made dresses at night. I didn't sleep. But that is how we got out of that apartment and bought a small house. I brought to Mexicali all the furniture I bought in Mazatlán. From then on, I never stopped working so we could buy a car, a small plot of land, pay the construction workers who built our house."

That is my mother. A born fighter who will not take the cards she has been dealt; an untiring woman who gets going when the going gets tough, who meets every challenge face-on. As a child she lived in paradise with water springs, giant butterflies, green hills; she cannot forget that. It's the gleam of that childhood when she ran free and in order to get to school she had to cross a pasture full of fighting bulls; it was nature, chirping birds, and the wet grass that welcomed her every morning, that keep her working, that make her sing, even in this desert, so far from her native land. A woman who has made life lessons out of her every move. But even today, sixty years after arriving in the border, she can't get used to the landscape of the desert, nor to its heat, to its lack of colorful plant life. That is why, while she is busy with her chores, she hums:

Déjame que te cuente...

> Ay, ay, ay, ay
>
> Canta y no llores
>
> Porque cantando se alegran
>
> Cielito lindo, los corazones.

Such is my mother: A tough, uncompromising woman, chiseled by her daily struggles, ahead of her time, who has never accepted things just as they come, who has never given up. One who created her own rules in order to strengthen our family, to turn this desert into a garden, to live her way at every moment...

"No one can stop me," she tells me, her attitude always lively, her gaze penetrating.

And that is not just the truth. It's an article of faith: Her battle cry, her coat of arms.

IV

Every summer my parents go south on vacation. My mother takes me to Guadalajara, with its cobblestone streets and afternoon rain. In Mexicali it's just the three of us, but in Guadalajara the family multiplies. My grandfather Isabel and my uncle Pedro take me to charro rodeos, and then with my aunt Amparo we go to Agua Azul Park and eat carnitas in the market stands. In Colima, where most of my father's family lives, we go to the beach, or to the sugar plantations. If Guadalajara is red earth, Colima is green jungle, with creeping creatures like snakes and scorpions, monkeys and multicolored birds, all self-invited guests in the homes of my aunt María and my uncle Manuel.

Upon returning to Mexicali I realize I don't miss the south at all. It's a different world, a fascinating world. But it's not my world. It is a strange sensation. I like to look at this flat, dusty landscape, monochromatic and without contrast. Nothing here obstructs your view. Everything is visible; there are no obstacles.

And the northern sun is resilient, merciless; no matter how much I complain about it, I would not trade it for the pale sun, hidden by the clouds in the south of the country.

I like to go back to Mexicali. I like to go back to what my mother reproachfully calls "this, your land," where life is sand in the wind, light being born. In these corners of the earth that are only open spaces where I feel at home. It's not an ancestral home, like the ones in the south of Mexico, but an improvised home, built by any means; built against all odds to withstand adversity: the summer heat, strong earthquakes, locust plagues, and the lack of greenery and gardens. If one thing defines me, it is being a fronterizo, living painlessly in the periphery of my homeland.

V

The border has been there for as long as I can remember: a dividing wire fence. However, I have seen it crossed a thousand times. Cats, men and women do it on a daily basis. It is always full of open holes that let through anyone who dares. Plants grow on it, and trees get tangled on its metal links. On the other side of the fence, one discovers Caléxico, the croplands of the Imperial Valley, immigration patrols, the three jet planes that watch the border from way above. Every now and then crop dusters fly so low that you'd think they're going to hit the ground. When I go with my parents into Caléxico it never takes us more than ten minutes to cross, even if there's a long line of cars. The gringo border guard quickly checks everyone's passport and lets us through without any problems. A few times he asks what we are bringing from Mexico or where we are going. Very seldom does he make my father get out of the car and open the trunk.

Yes, the border has been there for as long as I can remember. A fence crowned with barbed wire, its edges shine tough, sharp, aggressive. So, many years later I ask my mother:

"Why didn't you migrate to the other side?"

"We could have done it," she tells me. "We didn't want to."

"Why?" I ask.

"It wasn't our way of life. Your father and I had family in California at the time. Mine were in Los Angeles, his in Anaheim, very close to Disneyland. They are dead now. But they used to tell us to go across, that there is always work in the United States. But I was never convinced. And your father, God rest his soul, was a Cardenist, a strong nationalist. Mexico first, and Mexico always, that was his creed, and mine too. And that is why we stayed at the border. Here we got the best of its products but we were still Mexican. We were never sorry."

During my childhood, on Saturdays if my father had the day off, we'd cross over. We went shopping in my dad's 1956 Plymouth, or in my mother's 1965 Plymouth Belvedere to the stores in El Centro, California, 20 kilometers from the border. In those large shops my parents bought appliances or furniture for the home, food for the weekend. Years later, in 2008, I wrote a poem entitled "1968: Riding the Storm," where I tried to capture those events (a segment of it is presented at the end). At that time, crossing into the U.S. was a process with no room for suspicion or paranoia.

After shopping, the ritual demanded that we go eat at the Cameo, an old west buffet-style restaurant, located on El Centro's main street. Cameo was run by a pioneer who proudly displayed paintings of cowboys and Indians, with old photos of the Imperial Valley. The specialties there were beef ribs, barbeque, and different cuts of pork. Most of his clients were locals looking for old fashioned food, and Mexicans like us who enjoyed the abundant variety of homemade dishes.

Later, to let our food settle, we walked up and down the street, going in and out of shops. In some of them I found books about different countries for under a dollar. My parents bought several of them about Germany, Japan, and England. We returned home dead tired, but happy from the trip. Even today, I can't forget about those trips to El Centro, California. I can see the perfectly traced fields, the thrashers breaking down the earth, and the huge trucks that transported cantaloupes, onions and watermelons. Mexicali and El Centro are towns surrounded by agricultural activity, by lambs that watch us rushing by, by furrowed land that shines under the sun... And I open one of the books we just purchased; Mount Fuji, covered in snow which reminds me by contrast of the desert where I live, the sand that I am.

VI

Now as I reflect on it, I think that my entire perspective of the border comes from the fact that my parents, having been born in the south of the country (Michoacán and Jalisco), and having had the chance to emigrate to the U.S., preferred to remain in Mexicali and build their lives here, forging their destiny, which also became my own. I remember my mother´s sister, who lived in Los Angeles, would visit and always arrived in our house bearing gifts and telling stories about how well they were doing in the other side. My mother, after cooking for her dishes from Jalisco, which she devoured, would tell her confidently:

"Thank you, but we are okay here."

And that is just what I say now: I love the border because of the chances it offers me to see the lights and shadows of the American empire, but I like to see them from this side of the line, from this country of mine, that cracks and breaks but still stands and moves forward. Like my parents, I too state that "despite all the difficulties, this is where I want to be." In this land that is no man´s land and everyman's land, in this spot that is both a place of transit and a place of permanence, where nomads live alongside the settled. Or rather, where everyone´s nomadic and settled spirit coexists. Such is the border that I inhabit and know, such is the reality that is my right because of love and stubbornness.

Internal migration is the best way I can define my family´s journey: people that left their land to go north, to face, on their own any risks that came their way without support from any friends. And when they reached the border, they did not do what many had set as a goal: crossing to the other side, embracing the dollar to build their paradise.

My parents forged their fortune on the international line. They took for themselves the best of both worlds. My parents, proud and compliant, built a house and a home on the edge of Mexico, in the city of Mexicali, under a scorching sun.

That is my lineage.

That is the hallmark of my identity.

1968: Riding to the Storm

This is the light that speaks
In whispers but speaks from the back seat of a 1956 Plymouth
Headed north: to the Center of things, where angels
Are flashes on the trunk of the car: a flash on the antenna
Oscillating at 55 miles an hour
What do we listen to then
My parents and I? A song by the Beatles? A piece
By Montovani? What year do I mean when I say now?
1966 perhaps; no, a bit later: 1968
A good year at first: They say the Olympics
Will be in Mexico and astronauts will try to land on the moon
The future is with us and wears a superhero helmet
The desert is with us and blinds us with its mirages
And its fields that smell of fertilizer: let's go: fast:
I want to get to the toy-filled stores: to the stores
Where candy shines wrapped in shiny plastic: let's go
The country buffet, gringo cowboy style is waiting for us with its giant
Loaves of bread and its huge chunks of roasted lamb in barbecue sauce
That is the light I speak of
In those moments floating on nothingness: like a mirage
Covering us and making us a part of it: the car speeds up
And my father laughs when he sees the butterflies smash against the windshield
While my mother gets sad seeing such beauty destroyed
Those are the colors of her childhood in her southern paradise
In the kingdom where water and its greenery are abundant

What am I doing here?
Where am I headed beyond this shopping Saturday
At ten a.m.? Then I turn my attention
To the screams coming from the radio: "Get rid of that noise"
My mother says and I stop hearing Janis Joplin
And the instrumental melodies that make sleepiness return
And then the news from faraway places that broadcast
The number of soldiers who died in Vietnam: 37 today
And there is fighting in Saigon: I pick up my toy machine gun

Déjame que te cuente...

And I shoot the enemy: no one is left standing
When I am done pulling the trigger: who would have said?
I've killed hundreds but in the classroom I hate military discipline
Exercising, marching for hours for the Independence
Day parade: I am a hero in my imagination only
I only fight battles in my mind: like in a movie
Where war is a noisy spectacle: an explosive
Party with fireworks and fiery colors
Falling to the ground like lightning
Nothing is real
I roll down my window: I notice the cold air hitting my face
It is good to be alive and breathe with ease: to be a son
Of the light that holds my entire body

The highway continues north
Towards the paradise where angels tread: a world
Of dancing girls and dogs who love children
Of daring cowboys and merciless pirates: a city
Where cartoons live in huge mansions
And in every garage there are spaceships ready to jump
To the moon: A world of endless lights
That I see from a distance: Like a budding glow
Behind the rocky mountains: much later I would learn
That through these roads, in their cars,
Drove Rudolph Valentino and Tyron Power: Lana Turner and Ava Gardner
The gods and goddesses of Hollywood at the cusp
Of their power: in their time of triumph
On the screen: but now it's just
The hippies, Easy Rider style: on their gigantic motorcycles
Free in their clothing and their hair: their Bible
Prophet beards: they are like blinding suns
And their colorful palette: buzzing butterflies
While the sky turns into a raw diamond: a tapestry
Of screams and laughter: of loud music and the howling
Of coyote: exultantly free: unpredictably free
Jubilant: they are the images of a mirage
That awakens me: no matter how they put them down
They are half-open windows into a world that is stranger
Than The Twilight Zone: and then you have the girls

That go with them: those nymphs who dress
Like my grandmother, but in transparent clothing: like
The daughters of a dance that is all whirlwind and freshness: eternity
And contemplation: in their eyes there are more universes
Than all those travelled in a star trek

But who am I now?
Just that child left to his hallucinations
In the back seat of a green 1956 Plymouth
Going from his border home in Mexicali to El Centro: California
Partaking of the ancient shopping ritual: learning
That light changes things: shakes up the reflections
Of existence: turns another shade the words it says
Without fully understanding them: Main Street: Free gift: Great opening
A child who adds the intangible to the tangible: dark
And light: barbed wire with creamy bars
Of chocolate: U.S. border guards
With the very white waitresses that tend the soda fountains
Camel camels with the dunes that can be seen from the road

I don't know who I am now
And yet the sands flow in my memory
And I am no longer salt and shade: life and light: to become
A distance getting longer: a road
That is paradise itself: with father and mother on board
In a car that crosses the farmland and is lost
Beyond itself: In that 1968 that was starting out
So promising: a world without cracks: a desert
Where time shone forever
Like the sunshine on the windshield
While somebody sang: "Love is a many splendored thing"
And the three passengers on that journey smiled together
Happy to be who we were: to live the way we lived
A family on the shores of civilization
Taking part in it: unforgettable journey: with the wind
On our faces and joy flowing out of every pore

This is the light I speak
This is the song I sing forty years later

Déjame que te cuente...

Like a celebration of that journey with dead butterflies
And the warm midday air sneaking into the car
And the voice of my parents like the language of angels
That I would never hear again: to enjoy like in that
Moment of illumination: before that sneak peek of transcendence
Me at age nine: with the sun on my face: in a 1956 green Plymouth

De canciones de amor y otras penas

Rosario Montelongo de Swanson

Sublevación íntima

Crecí escuchando las historias
que acompañaron
el nacimiento de cada una de nosotras
y fuimos siete.
Entonces no sabía que las historias marcan,
te señalan un lugar
y que con cada recuento lo reiteran.
Cuando por fin comprendí lo que mi historia significaba,
entendí de golpe y protesté:
¿Y qué hacer con la historia,
con lo heredado,
con algo mío mas no de mí?
Y comencé a inventarme,
a agregarme capítulos enteros
a ser irremediablemente yo.

Plegaria a la humanidad

una vez más
la violencia
es el punto de reunión
entre nosotros
el desierto quema
calcina
pero
uno a uno llegan,
caminan
la pared...

Déjame que te cuente...

no detiene su andar
es apenas escala
por la zona
por siglos antes abandonada
porque ese río humano
quiere vivir
y se aferra
al sol quemante
de espaldas mojadas
que escurren
alimento único de biznagas y cactos
todos se conjugan en
uno
un deseo simple
de vida, de vivir
pero
cuando alguno sucumbe
a la sed o a algún arma de fuego
un hilo rojo
corre en la tierra
a lo largo y ancho de la frontera
en el norte y en el sur
y la pared no lo para,
no detiene su andar
en la frontera
la tierra es roja caliza morena
pero pocos saben de dónde le vino a la tierra
ese color
y nos quedamos mudos de muerte
y sordos de palabras
si son niños o mujeres encinta
los que mueren
en las orillas de la suerte.

María de las Soledades, Soledad, Soledad Luna

El silencio de la noche
dibuja figuras extrañas
en las cortinas de las casas
ya María de las Soledades
deja de estremecer mi sueño
con la lluvia infinita de tus nostalgias
Soledad, Soledad Luna
atrapada en la memoria de mi sueño vives
tu aliento marino entibia mi imaginación
y mis recuerdos corren
hasta ese lugar azul entre agua y cielo
ahí tu memoria se vuelve lluvia,
tempestad marina,
corriente subterránea de recuerdos:
olor a jarro mojado
maíz tostado en la madrugada
azahar de limas y naranjas.
Soledad, Soledad Luna,
sonámbula deambulas
por la playa vacía de mis recuerdos:

rezos antiguos como sollozos
muchachas caminando alrededor de un kiosco
bancas negras en la encalada plaza,
hombres de lascivo mirar.
Música, flores, murmullos.

El oleaje cargado de algas y espuma arrecia en mi playa y
mis pies llenos de arena caminan en ella:
una niña baila su primer vals,
tú aprietas el paso
golpes caen sobre su cara y la nariz le sangra
la mano agresora se detiene y su boca cubre,
un hilo de sangre las separa
a ti te arde la cara
no sé si de golpes o deseo.
Mis pies se hunden en la arena y

el tiempo de la noche se acaba.
entre agua y cielo ya no hay azul, sólo rojo
la marea de tus recuerdos disminuye.
Soledad, Soledad Luna
sólo queda tu aliento marino en mi recuerdo,
el lejano rumor de rosarios
y ave marías y una diminuta cicatriz
no sé si de golpes o deseo.

Así fue

Y fue así como sucedió
¿Sentiste la presencia del espíritu santo?
Miro las lilas y te recuerdo.
Su tenue violeta
en las cúspides se torna olor morado,
"como de santo" solías decir.

¿Sentiste la presencia del espíritu santo?
Años antes
la respuesta hubiera brotado de mis labios
palabras, palabras, palabras
sin emoción, sin fe, sin sentimientos.

Pero hoy no. No sé que decirte. Sólo silencio.

El hilo telefónico transporta mi
silencio lejos, lejos, lejos.

Silencio.
Qué extraño pensar en mi silencio yéndose de mí,
llegándose hasta ti, lejos, lejos, lejos, Madre.
Silencio.
¿Cuántas veces me has envuelto en tu vacío?
Por las noches trato de llenarlo
atrapar las libélulas de pensamientos que se me escapan
antes de que pueda derramarme en ellas
y así

devolver la fe y el aliento a las palabras,
expresar lo que quise decir y no pude
lo que pude decir y no dije
Silencio.
Silencio que te fuiste de mí lejos, lejos, lejos
vago, difuso como el olor de las lilas lejanas.
Silencio.

Elegía para cuando muera

Un día esta tierra extraña me recibirá en sus brazos
alimentaré su vida subterránea
pasos extraños
avivarán mi memoria de agua
y no podrás ya parir soledades
en la maraña de tus senos

Mi vida que ya muerta a ti da vida
alimentará tus profundidades
grabará designios secretos de savia
como gotas de sacrificio
piedra de agua Mante y Ameca.

La mata subterránea de mi pelo encanecida crecerá;
surcará fronteras secretas;
mi vientre dará a luz a infinidad de criaturas terrestres
creará glifos en la piedra donde
el agua de mi memoria corre y te recuerda...

Irremediablemente otra

y así he aprendido a vivir
siendo la que aún no soy
entre las angustias del presente
y la certera ansiedad de saber que seré la que
todavía no sé
la que fui y ya no la soy
y ella conmigo

Déjame que te cuente...

    a la otra
    le da vida
    y ella a mí
    y sola yo con ella
    siendo
    ella yo
    Yo la irremediablemente otra, YO.

Infinita de palabras

Tiempo, tiempo, tiempo
agua, agua, agua
como una canción de cuna que se aleja

Mujer con palabras infinita hecha
mujer
    (desarraigo)
mujer
    (pena)
mujer
    (raíz)
mujer
    savia
mujer
    sabia
mujer
    sabías
a llanto
a lluvia
a semilla
a vientre
a tierra
a diáspora

las raíces que trajiste las llevas en la boca
te cuelgan como babas cuando hablas y no las recoges
te escurren
entre las piernas
se oyen

quejidos en el viento como una canción de cuna
que húmeda regresa
Mujer con palabras infinita hecha
    llórame un río
            cántame un puente
Mujer
    cruza conmigo el puente…

From Love Songs and Other Sorrows

Rosario Montelongo de Swanson

Intimate Revolt

I grew up listening to the stories
that accompanied
the birth of each one of us
and there were seven of us.
Then, I did not know that stories mark you,
point you to a place
and with each retelling reiterate it.
When I finally realized what my story meant,
I suddenly understood and I protested:
And what to do with history,
with what is inherited,
with something mine but not from me?
And I began to invent myself,
To add myself whole chapters
hopelessly becoming myself.

Plea to Humanity

Once again
violence
is the meeting point
among us
the desert burns
scorches
but
one by one they arrive,
walking
the wall...

Déjame que te cuente...

    does not stop their saunter
    it is just a scale
    in the zone
    abandoned centuries before
    because that human river
    wants to live
    and holds on
    to the sun burning
    backs
    dripping wet
    sole sustenance of bishop's weed and cactus
    they all combine into
    one
    one simple wish
    for life, for living
    but
    when one succumbs
    to thirst or to a firearm
    a red thread
    runs on the earth
    the length and width of the border
    on the north and on the south
    and the wall does not stop
    its march
    on the border
    the earth is red brown limestone
    but few know how that color came
    to the earth
    and we are left mute by death
    and deaf to words
    if children or pregnant women
    are the ones who die
    on the shores of opportunity.

María de las Soledades, Soledad, Soledad Luna

Night's silence
draws strange figures
on the curtains of houses
María de las Soledades,
cease your shuddering in my dreams
with the endless rain of your nostalgia
Soledad , Soledad Luna
trapped in the memory of my dreams you live
your marine breath warms my imagination
and my memories run
to that blue place between water and heaven
where your memory becomes rain
storm at sea,
underground current of recollections:
scent of wet clay
corn roasted at dawn
lime and orange blossoms.
Soledad, Soledad Luna,
Sleep walking you wander
through the empty beach of my memories:

ancient prayers like sobbing
girls walking around a kiosk
black benches in the whitewashed plaza,
men of lascivious gaze
Music, flowers, murmurs.

Surf-laden algae and foam rages in my beach and
my feet filled with sand walk on it:
a girl dances her first waltz,
you hasten your footsteps
blows fall on her face and her nose bleeds
the aggressor's hand stops and covers his mouth,
a trickle of blood separates them
your face burns
I do not know if it's from violence or desire.
My feet sink into the sand and

Déjame que te cuente...

night time runs out.
between water and sky there is no longer blue, there is only red
the tide of your memories lessens.
Soledad, Soledad Luna
only your oceanic breath is left in my memory,
the distant rumor of rosaries
and Ave Marias and a small scar
I do not know if it's from violence or desire.

Thus Was

And thus was how it happened
Did you feel the presence of the Holy Spirit?
I look at the Lilacs and remember you.
Their dim violet
In the cusps becomes purple scent,
"Saint-like" you used to say.

Did you feel the presence of the Holy Spirit?
Years before
the answer would have sprung from my lips
words, words, words
without emotion, without faith, without feelings.

But not today. I do not know what to say. Only silence.

The telephone wire carries my
silence away, away, away.

Silence.
How strange to think of my silence leaving me
reaching you, away, away, away, Madre.
Silence.
How many times have you enclosed me in your void?
At night I try to fill it
catch the dragonfly thoughts that escape me
before I can pour myself in them
and thus

to return the faith and the breath to the words
to express what I wanted to say but couldn't
what I could have said and did not
Silence.
Silence that went away from me far, far away
indistinct, widespread like the smell of faraway lilacs.
Silence.

Eulogy for When I Die

One day this strange land will receive me in her arms
I will nourish her underground life
strange footsteps
will enliven my memory of water
and she will no longer give birth to loneliness
in the tangle of her breasts

My life now dead gives you life
will nourish your depths
will etch secret designs of sap
as drops of a sacrifice
stone of water of Mante and Amecatl.

The graying subterranean bush of my hair will spread;
will expand through secret borders;
my womb will give birth to countless land creatures
will create glyphs in stone where
the water from my memory runs and remembers you ...

Hopelessly Another

and so I have learned to live
being who I am still not
between the agony of the present
and the certain anxiety of knowing that I will be who
I still do not know

Déjame que te cuente...

> She who I was and no longer am
> and she with me
> to the other
> gives life
> and she gives life to me
> and I alone with her
> she being
> me
> I am hopelessly another, ME.

Infinite with Words

Time, time, time
Water, water, water
like a lullaby that goes away

Women with words made infinite
woman
        (uprooting)
woman
        (sorrow)
woman
        (root)
woman
        sap
woman
        wise
woman
        you tasted
of sorrows
of rains
of seeds
of womb
of soil
of diaspora

the roots that you brought you carry in your mouth
they hang like drool when you talk and you do not pick them up
they drip

between your legs
are heard
groans in the wind like a lullaby
that comes back moist
Women with words made infinite
     cry me a river
               sing me a bridge
Woman
     cross the bridge with me...

El que persevera alcanza

Paulina Ceja

Durante los primeros diez años de mi vida radiqué en México con mis padres biológicos. Nací en un rancho del municipio de Angostura, Sinaloa y fui la sexta de diez hijos. Mi padre era un hombre irresponsable, abusivo y vicioso; y mi madre era una esposa sumisa que nunca se atrevió a oponerse a sus decisiones, por lo que mi niñez fue plagada de privación, negligencia, abuso y pobreza. Sin embargo, fue justamente la adversidad la que empezó a moldar mi carácter y mi deseo de prosperar. A los seis años era una niña tímida, insegura, melancólica con una desesperada necesidad de seguridad e inspiración. Afortunadamente tuve una maravillosa maestra de primer año, quien poseía admirables cualidades que yo no veía en mi hogar. Era una mujer inteligente, independiente, respetada, paciente, cariñosa y dedicada. Gracias a ella, en su clase adquirí el deseo de aprender, me di cuenta de mi potencial académico y vislumbré por primera vez la mujer en la que me gustaría convertirme.

Cuando tenía diez años, una serie de eventos inesperados me colocaron en el camino que me trajo a la tierra de las oportunidades. Primero, después de la muerte de mi madre, fui adoptada por mi tía materna, quien ya era residente legal de los Estados Unidos. Posteriormente me trajeron a este país donde con un tanto de agudeza, diligencia, perseverancia y determinación podría alcanzar mis metas y realizar mis sueños.

Una vez que comencé la escuela empecé a aprender inglés de inmediato. Una amiga de la familia me hizo un regalo muy preciado: se trataba de un pequeño diccionario inglés/español, el cual resultó ser un verdadero tesoro para mí. Aparte de las clases del año escolar, asistí a clases durante las vacaciones de invierno y de verano. En menos de dos años, ya leía y comprendía inglés mejor que muchos chicos que habían nacido en este país.

A los catorce años de edad reafirmé la idea clara de la clase de mujer en la que quería convertirme: una mujer inteligente, independiente y respetada, como mi maestra. Aunque al principio no tenía una imagen definida del camino que habría de tomar, sí sabía que la educación sería un componente esencial de mi plan. Con esta idea en mente, durante la secundaria y la preparatoria, trabajé con diligencia para desarrollar destrezas y aprender conceptos que me ayudarían a alcanzar mi meta, por lo que aparte de los cursos requeridos, tomé clases de mecanografía, taquigrafía, francés, anatomía y fisionomía. También remplacé los cursos regulares con cursos avanzados de AP en historia, química, cálculo, física e inglés, y así, los últimos tres años de preparatoria me pasé las tardes, las noches, los fines de semana y las vacaciones leyendo, haciendo tareas, estudiando y escribiendo ensayos. Afortunadamente mi arduo esfuerzo dio sus frutos y fui aceptada a las siete universidades a las cuales envié mi solicitud de admisión, entre las cuales opté por asistir a la Universidad de California en Irvine.

Durante los siguientes cinco años me topé con varias situaciones adversas que podrían haberme evitado que continuara mi educación, pero fueron desafíos que ayudaron a formar mi carácter. Hacia el tercer trimestre de mi primer año universitario, mi tía —quien siempre había alabado mi éxito académico, había apoyado mi educación y se había ganado mi cariño y respeto, me dejó de hablar porque me fui a vivir a la universidad en contra de su voluntad. Aunque sufrí por su ausencia, fui lo suficientemente obstinada para continuar el camino que yo había elegido para mí. Además, en mi soledad, hubo una persona que me dio la fuerza interior que necesitaba para seguir adelante: una vez, mientras dormía, mi madre se posó detrás de mí y puso su mano sobre mi hombro, señal que interpreté como un gesto de apoyo incondicional.

Después de que mi tía me rechazó, me mudé a la casa de mi novio y nos casamos un poco después. Nuestro primer hijo nació durante el verano, a finales de mi segundo año universitario. Aunque algunos considerarían que hubiera sido más fácil alcanzar mis metas educativas antes de casarme y tener hijos, no consideré ni uno ni otro como obstáculos que pudieran impedírmelo. Terminé una Licenciatura en Español y adquirí la licencia de profesora.

Desde 1996 he enseñado español en varias preparatorias. Después de cinco años de experiencia decidí emprender el desafío de enseñar la clase de Lengua de Español AP y poco después empecé a enseñar Literatura de Español AP. No conforme con el simple hecho de enseñar y con el firme propósito de aumentar mis conocimientos sobre el proceso de los exámenes de AP, en 2004 hice mi solicitud al College Board para evaluar dichos exámenes, lo que llevo haciendo desde hace varios años con una gran satisfacción académica y profesional.

Dieciséis años después de haber completado la Licenciatura en Español y de haber terminado de educar a mis hijos, los biológicos y los adoptados, decidí continuar mi educación y estudiar una Maestría en Educación. En cuanto termine mi maestría pienso hacer la solicitud para facilitar los talleres de AP Español Lenguaje o Literatura. Sin embargo, mi sed de aprender es tal que seguramente continuaré estudiando para un doctorado en educación. Mi meta a largo plazo es trabajar en el departamento de educación de alguna universidad. Aun después de jubilarme de mi trabajo en la preparatoria, me gustaría seguir compartiendo mis conocimientos con otros que han escogido esta noble profesión.

Por lo pronto disfruto de mi vida presente. Soy inmensamente feliz, no sólo por haber logrado mis metas profesionales, sino porque he sido bendecida con una familia maravillosa con un esposo y unos hijos que me aman, me respetan, me consideran y me atienden como a una reina.

Hay momentos que creo que, al igual que Belisa Crepusculario, he sido "tan tozuda" que yo misma he forjado mi propio destino, pero otras veces pienso que hay un ángel que me ha protegido y me ha dado la fuerza interior que he necesitado en los momentos que

Déjame que te cuente...

pude haber flaqueado. De lo que no tengo duda es que la educación ha sido una parte fundamental en el éxito que he tenido en todos los aspectos de mi vida profesional y personal.

Ataúd para dos

La noche que su padre regresó borracho, Paulina, que entonces tenía 10 años, no se imaginaba, no tenía ni idea del por qué su madre no estaba, ni había estado en todo el día, en la casa.

Ya estaban acostadas ella y su hermana menor cuando su padre llegó. Sin encender la luz, su padre, se acostó en el colchón que se encontraba colocado sobre el piso perpendicularmente al de ellas. En el mismo cuartucho, en otro colchón, dormían sus tres hermanos menores.

Casi de inmediato, su padre le ordenó a su hermanita que se fuera a dormir con él. Ella, que seguramente intuía las malas intenciones de su padre, empezó a llorar. Paulina, quien sabía perfectamente para qué quería su padre que su hermana durmiera con él, quien por ser la mayor de la segunda tanda de hijos que su madre había tenido, sentía la responsabilidad de asegurar el bienestar de sus hermanitos, aún a costa de su propio sacrificio, sin pensarlo dos veces balbuceo: "Déjela. Yo duermo con usted."

A la siguiente mañana, Paulina, sentada en un sillón de piel sintética, trataba de comprender lo que veían sus ojos. Una mujer, con la apariencia de su madre, yacía, pálida, dentro de un ataúd. Paulina, que no derramó llanto, se revolvía acostada sobre el sillón, pasando saliva, tratando de explicar ese malestar en la garganta que no reconocía, que no sabría nombrar. ¿Acaso tenía ganas de llorar? Pero, ¿por qué no brotaban lágrimas? ¿Por qué sólo sentía ese incómodo malestar en la garanta?

Horas después, parada junto al resto de la familia de su madre (abuelos, tíos, primos, hermanos…) miraba con indiferencia una calavera junto a otros huesos que emergían de la tierra en el fondo del pozo, el pozo donde depositarían momentos después el ataúd con el cuerpo de su madre.

Nunca derramó Paulina llanto por la muerte de su madre. ¿Acaso no la quería? ¿Acaso no la echaría de menos? Acaso ni siquiera comprendía el significado de "la muerte". Acaso no creyó que la mujer en el ataúd era su madre. Esa mujer que aún meses después la persiguió en sus sueños. Esa mujer que se salía del ataúd y perseguía a la pequeña Paulina, quien huía aterrorizada, hasta que despertaba exaltada con la respiración fuerte y los ojos pelados en la oscuridad. Aún años después, aún décadas después, Paulina no comprendió por qué otros niños lloran cuando muere su madre, pero ella no.

All Good Things Come to Those Who Wait

Paulina Ceja

During the first ten years of my life, I lived in Mexico with my biological parents. I was born in a farm in the municipality of Angostura, Sinaloa, and I was the sixth of ten offspring. My father was an irresponsible, abusive and vicious man; and my mother was a submissive wife who never dared to oppose his decisions. My childhood was plagued with deprivation, negligence, abuse and poverty. Nevertheless, it was precisely this adversity that began to mold my character and my desire to prosper. At six years of age, I was a timid, insecure, melancholic girl with a desperate need for confidence and inspiration. Fortunately, I had a wonderful first grade teacher, who possessed those admirable qualities that I did not see in my home. She was an intelligent, independent, respected woman, as well as a patient, caring, and dedicated teacher. Thanks to her, and her class, I acquired the desire to learn and grew into my academic potential... I had a glimpse at the kind of woman that I would like to become.

When I was ten years old, a series of unexpected events placed me in the path that brought me to the land of opportunities. First, after my mother's death, my maternal aunt, a legal resident of the United States, adopted me. Subsequently, I was brought to this country where, with a bit of acuity, diligence, perseverance, and determination, I would reach my goals and accomplish my dreams.

Once I started attending school in the US, I immediately began to learn English. A friend of the family gave me a most precious gift: it was a pocket English/Spanish dictionary, which became a real treasure for me. Aside from the school year, I attended school during the winter and summer vacations. As a result, in less than two years, I read and comprehended English better than many of my peers who had been born in this country.

At fourteen, I reaffirmed the idea of the kind of woman that I wanted to become: an intelligent, independent, and respected woman, like my first grade teacher. Even though at the beginning, I didn't have a definite image of the path that I would take, I did know that education would be an essential component of my plan. With this in mind, during junior high and high school, I worked with diligence to develop skills and learn concepts that would help me reach my goals. Aside from taking the required courses, I took Typing, Shorthand, French, Anatomy and Physiology. I also replaced the regular courses with AP courses in History, Chemistry, Calculus, Physics, and English. During the last three years of high school, I spent my afternoons, evenings, weekends, and vacations reading, doing homework, studying and writing essays. Fortunately, my arduous effort gave fruit and I was accepted to the six universities to which I sent my application for admission, from these, I chose to attend the University of California, Irvine.

During the following five years, I faced various adverse situations that could have prevented me from continuing my education, but they were challenges that helped to shape my character. Towards the third trimester of my freshman year, my aunt, who had always praised my academic success, had supported my efforts in education and had earned my affection and respect, stopped talking to me because I decided to live on campus against her will. Although I suffered for her absence, I was obstinate enough to continue the path that I had chosen for myself. Furthermore, in my loneliness, there was a person who gave me the inner strength that I needed to keep going: one day. In a dream, my mother stood behind me and placed her hand on my shoulder, a sign that I interpreted as a gesture of unconditional support.

After my aunt disowned me, I moved in with my boyfriend and we were married a few months later. Our first child was born during the summer, at the end of my sophomore year. Although some would consider that it would have been easier to reach my academic goals before getting married and having children, I didn't consider either one or the other as obstacles that could have prevented it. I completed my Bachelor's Degree in Spanish and attained my teaching credential in the usual time (five years).

Since 1996, I have taught Spanish in several high schools. After five years of experience, I decided to take on the challenge of teaching AP Spanish Language and a year later, I started to teach AP Spanish Literature. Not satisfied with the simple fact of teaching and with the firm purpose of expanding my knowledge about the AP Spanish Exam process, in 2004 I applied to the College Board to read these exams, which I have done for several years with great academic and professional satisfaction.

Sixteen years after completing my Bachelors' in Spanish and after I raised my biological and adopted children, I decided to continue my education and attain a Master's Degree in Education. As soon as I complete the program, I intend to apply for a position as an AP Spanish Language or AP Spanish Literature consultant. However, my thirst for learning is such that I will most likely continue to study for a Doctorate's Degree in Education. My long term goal is to work in the department of education in a university. Even after I retire from teaching high school, I would like to continue sharing my knowledge with those that have chosen this noble profession.

Meanwhile, I am enjoying my present life. I am immensely happy, not only for having attained my professional goals, but also because I have been blessed with a wonderful family: a husband and children that love me, respect me, have great regard for me and treat me like a queen. There are moments when I believe that, like Belisa Crepusculario, I have been "so stubborn" that I myself have shaped my own destiny, but at times, I think that there is an angel that has protected me and has given me the fortitude that I have needed when I could have grown weak. One thing that I have no doubt about is that education has been a fundamental part of the success that I have earned in every aspect of my life.

Coffin for Two

That night, her father arrived drunk, Paulina who was then ten years old, did not imagine, had no idea why her mother was not home, and why she had not been there the entire day.

Her younger sister and she were already in bed when their father arrived. Without turning on the light, their father laid down on the mattress that was placed on the floor, perpendicular to theirs. In the same musty little room, on another mattress, their three younger brothers were sleeping.

Almost immediately, their father ordered her little sister to sleep with him. She, who probably sensed her father's bad intentions, started to cry. Paulina, who knew perfectly well why her father wanted her little sister to sleep with him —she who being the oldest of the second batch of children that her mother had borne— felt the responsibility to ensure her younger siblings' well-being, even at the cost of her own sacrifice, without thinking twice, she babbled, "Let her be. I will sleep with you."

The next morning, Paulina, while sitting on a synthetic leather couch, tried to understand what her eyes were looking at. A woman who looked like her mother laid pale inside a coffin. Paulina, who did not shed a tear, tossed and turned as she lay down on the couch, swallowing, trying to figure out the discomfort she felt in her throat, one that she did not recognize, one she could never mention. Was it that she felt like crying? But, then, why didn't the tears come? Why was her only feeling that discomfort in her throat?

Hours later, standing next to her mother's family (grandparents, uncles, cousins, siblings…), with indifference, she watched a skull next to other bones that emerged from the soil at the deep end of the hole, the hole in which moments later they would deposit the coffin with her mother's body.

Paulina never shed a tear for her mother's death. Was it that she didn't love her? Was it that she wouldn't miss her? Perhaps she didn't even understand the meaning of "death". Perhaps she didn't believe that the woman inside the coffin was her mother. That woman that, even months later, chased her in her dreams. That woman, who would get out of the coffin, would chase little Paulina. She saw herself running away, terrified… until she woke up scared, and breathing hard; eyes wide open in the dark. Even years later, decades later, Paulina did not understand why other children cry when their mothers die, while she couldn't.

Plegaria

Alberto Julián Pérez

Señor,
yo que creí llegar
al centro del mundo
cruzando alambradas,
atravesando muros,
me doy cuenta
que mi corazón
también tiene muros
y secretos.
Cada uno
busca escapar de su prisión,
de su destino
que es el destino de todos.
Nosotros los mortales
vivimos preparándonos
para la eternidad
y encontramos esto:
un camino,
un muro.
El centro del mundo
no está en ningún lado
porque el corazón del hombre
es tierra de nadie.
Sólo tus pasos nos guían
entre las aguas
a la tierra del milagro.

La caída

Aquí estoy, Señor,
entre mis hermanos
ganándome el pan
que me faltaba.
¿Pero quién soy, Señor?
He olvidado mi nombre.
No me reconozco en esta lengua.
Los demás me miran
como a un fantasma,
he dejado mi alma
en otro lado.
Esta ciudad extraña,
con sus calles y sus plazas,
es para mí un desierto.
Sólo te tengo a ti,
Señor,
para llegar
a la tierra prometida.

A Prayer

Alberto Julian Perez

Oh Lord,
I thought
I could reach
the center of the world,
crisscrossing fences,
traversing walls,
and now I realize
that my heart
also has walls
and secrets.
Each one
tries to scape
from his prison
and from his fate,
that is
everyone's fate.
We, mortals,
are always preparing
for eternity,
and we find this:
a road,
a wall.
The center of the world
is nowhere
because our heart
is no man's land.
Only you can guide us, oh Lord,
among the waters
to the land of miracles.

The Fall

Here I am, oh Lord,
among my brothers
earning this loaf of bread
that I desperately needed.
But tell me, Lord, who am I?
I have forgotten my name.
I can´t recognize myself
in this strange language.
Everybody looks at me
as if I were a ghost,
I left my soul
in a faraway land.
This foreign city
with its streets and squares
is a desert for me.
I only have you, Lord,
to reach the Promised Land.

La de los jugos

Ana María González

A usted la he estado buscando. Fíjese que ya no iba a venir esta mañana a hacer ejercicio, porque me operaron de los ojos y no puedo ver para manejar, pero le pedí a Dios que me la pusiera otra vez en el camino y ya ve, Él nunca me ha fallado, aquí andamos en el agua y precisamente hoy que me entró la duda de venir siquiera un rato...

No, lo que pasa es que me acordé que usted me dijo que para desayunar siempre hace unas mezclas tan sabrosas y tan buenas con sus jugos y sus licuados, que yo pensé, "ojalá me la encuentre para que me diga bien cómo hacerlos y empezar a hacérmelos yo también", porque ¡ay! Dios mío, si viera cómo batallo hasta para ir al baño...

N'ombre! Es que yo quedé bien amolada desde que perdí a mi segundo hijo, se me fueron las ganas de comer, las ganas de dormir, bueno, las ganas de ir al baño y hasta perdí la cabeza, créame, yo de a tiro estaba loca, lo que se dice loca. So, con decirle que desde entonces, no puedo siquiera dormirme sola, donde quiera que vaya y en la casa que me encuentre, ya sea con mis sobrinos, con mis nietos y hasta con mis hijos que ya son viejos, se tienen que dormir conmigo, porque pues nomás no, me entra un pánico que me deja en vela toda la noche. Una vez, m'hija, la que vive aquí, de plano me dijo que no, que ya no podía estar allá, que me viniera y que aquí me iba a cuidar; sí, ya va para doce años que vivo en este lado. No, no puedo sacar la ciudadanía porque no puedo con el inglés, no, de veras no puedo; si viera que a veces con trabajos me acuerdo de dónde dejé el coche. Nada más la semana pasada perdí la bolsa con todos mis papeles, hasta con la tarjeta de residencia y m'hija me llevó a sacarlos todos otra vez. So, ya estoy vieja para hacerle la lusha al inglés, entiendo ahí más o menos, pero hablarlo nomás no. Sí, sí tengo muchos amigos, me dice m'hija que tengo más que ella y eso que no lo hablo, pero yo veo cómo me las arreglo y aunque sea a señas me hago entender...

Sí, va a hacer doce años que perdí al segundo; yo navegué con ocho hijos, pero perdí uno de bebito; so aparte de mi bebé, como ya le dije, primero perdí al segundo y luego al primero.

A m'hijo el segundo, ese día le di bien de almorzar y se salió con un amigo a arreglar unos papeles de un terreno, se fueron como a las nueve y ¡ay qué dolor, m'hijo ya nunca regresó! Nos llamaron y nos pidieron 500,000 dólares... no, no pesos, ¡dólares! figúrese usted y los conseguimos como pudimos, créame que vendimos hasta lo que no teníamos: terrenos, casas, muebles, bueno, todo lo que pudimos conseguir. Nos dieron indicaciones exactas y nos dijeron que no querían que fuera el mayor, sino el tercero de mis hijos a dejar el dinero, que se vistiera así y así, que lo dejara y que no volteara porque lo mataban. Como quiera no "no" lo dieron.

Después me trajo m'hija porque de plano no podía componerme, y ya llevaba dos años aquí cuando fui a verlos a Shihuahua, m'hijo el mayor me dijo que hasta íbamos a celebrar con un cerdo nomás que fuera, porque ¡cómo se parecía a mí en sus gustos! So, mataron un marrano grandote y ese día comimos carnitas, tacos, shisharrón, bueno, ¡qué no comimos con semejante marrano! Ya que acabamos, le pedí que nos fuéramos a la casa y me dijo que me adelantara, que en un ratito me alcanzaba; yo, muy confiada pues me fui, pero a m'hijo ya no volví a verlo, ya lo estaban esperando para echárselo, hasta el tercer día lo encontraron con todo y camioneta que según por un accidente, pero era muy obvio que primero lo asesinaron y luego rodaron el carro para aparentar otra cosa.

Yo le rezaba mucho porque quería saber si había tenido tiempo de arrepentirse para ver al Señor, no me dejaba la angustia de pensar cómo estaría m'hijo hasta que una noshe me hinqué antes de acostarme, y era tanta mi desesperación que con lágrimas le pedí que me hiciera saber cómo estaba; nada más me quedé dormida y lo vi tan guapo como era, con una camisa azul muy bonita que le sentaba muy bien; así, con su piel blanca y sus dientes parejitos –porque tenía unos dientes bonitos, era guapo m'hijo- y me dijo que ya no me preocupara, que él estaba tranquilo y que yo también debería estarlo. Desde entonces supe que ya no estaba sufriendo.

Luego me quedé trabajando en un restaurante que tiene aquí mi hermana, yo le ayudaba a hacer las tortillas; sí, trabajé por musho tiempo ahí con ella, pero ahora ya no puedo, me dan unas dolencias en los brazos que a veces no puedo ni moverlos, nomás véame cómo tengo que andar nadando como perrito. Ahí estaba duro y duro con las tortillas cuando me hablaron para avisarme que a mi tercer hijo se lo habían llevado, ¡Figúrese! Yo que aviento el palote, que me voy para la parte de atrás de la cocina, que me hinco y a gritos le hablé al Señor para ponerlo en sus manos, que por favor no le hicieran daño, que a Él se lo encomendaba, "Tú no vas a permitir que lo toquen; bajo tu amparo nadie me lo va a tocar y me lo vas a guardar y a entregar sano y salvo" y sí, así fue. Se pagó el rescate, otra vez vendiendo lo que pudimos, lo que nos quedaba y hasta lo que no; sí, con los terrenos nada más hay que darles los papeles y ya ellos se encargan de cambiarlo todo para que pase a otras manos, si tienen sus mañas, no se crea. So, lo secuestraron en El Paso y nomás lo soltaron. M'hijo caminó y caminó y por fin llegó una mañana a la casa; sí, bien flaco de tantos días sin comer, pero tan grande es Dios que no lo golpearon ni nada. Fueron de Ciudad Juárez los que se lo llevaron y es porque piensan que ya nomás por vivir aquí, uno anda con las manos llenas de dinero, pero Dios es grande y los sabrá perdonar, hasta yo los he perdonado porque si Él nos perdona, ¿quiénes somos nosotros para no hacerlo? Yo he aprendido tanto de la Misericordia de mi Dios Padre, porque véame, a pesar de todo lo que he navegado todavía estoy aquí, por eso quiero que me dé las recetas de los licuados, a ver si entre eso y los shoshitos que me tomo, logro regular mi estómago…

Y ni modo, aunque quiera ya no puedo ir a México como antes porque me angustio y mis hijos se preocupan; las shiquillas, mis

Déjame que te cuente...

nietas que tengo allá me ruegan que vaya y yo me siento partida no en dos sino en tres, para estar con los de aquí, con los de allá y con los que ya me recogió nuestro Padre Dios…

Los desterrados

Los desterrados llevan el sazón
de la comida de su madre en la boca,
las ganas de volar entre los colores de un cometa,
de hartarse de los olores y sabores del mercado
y de comerse un cono de fruta con chile y limón
como solían hacerlo al salir de la escuela.

Los desterrados no trabajan, no,
sino que se parten el alma para no perder
su pedacito de suelo que todavía creen poder alcanzar,
y en lugar de gastarse el dinero que les va cayendo
lo mandan por el Western Union hasta el último centavo
para alimentar una ilusión que todavía esperan disfrutar.

Los desterrados lloran, ríen, gritan en un lenguaje absurdo;
viven esperando volver y viviendo vuelven a esperar,
algo que les ayude a guardar la esperanza,
cualquier cosa que les permita soñar con la vuelta
antes de que se les acabe esta vida
para llorar, reír y gritar con los que añoran sin remedio.

Los desterrados se escapan, se fugan de sus propios recuerdos
que los persiguen y a veces los acorralan
todo por no saber qué nombre darle a su tristeza,
a la melancolía que no es como ninguna otra,
porque el desarraigo de su tierra les ha cortado
su propio corazón, así, de un tajo, sin darles tiempo de lamentarlo.

Los desterrados hablan una lengua extraña,
con un doloroso acento que delata su identidad
sí, es verdad, no son de aquí ni de allá:
—valga la expresión tan conocida y usada—
y todo lo dicen con una gramática alrevesada
igual que el alma que llevan tratando de remendar.

Los desterrados deshojan el calendario como una margarita
para medir la ausencia y no perder la noción de la esperanza

contando los cumpleaños, aniversarios, bodas, bautizos y festejos
que se han perdido, que no podrán recuperar de ninguna manera.
Sueñan con un camino de luz que cada noche los lleva a su madre
tierra
y despiertan ilusos, con los cabellos enredados de memorias y
quimeras.

In Need of Some Breakfast Shakes

Ana María González

I was looking for you. Can you imagine? I almost did not come to the gym this morning because I had an eye operation so I can't see well enough to drive, however, I prayed to God to run into you again and here you are! He never lets me down; here we are in the pool today, precisely when I had doubts about coming at least for a little while...

What happens is that I remembered you telling me about the breakfast fruit shakes and smoothies you mix, that are so tasty and so good for the body that I thought to myself "I hope to see her so she can tell me how to fix them and I can start making them for myself" because, oh my God! You cannot imagine how hard it is for me to move my bowels...

It's been hard since I lost my second son; my body is in shambles, I lost my appetite, I can't sleep, can't use the bathroom... I had lost my mind, believe me, I was absolutely crazy, what you may call completely crazy! So, let me tell you that since he died, I can't even sleep alone. Wherever I go, wherever I stay, I have to sleep with someone. Whether I am with my nieces or my nephews, with my grandchildren, even with my adult children, they have to sleep with me because I go into a panic that keeps me awake all night. Once I even slept between my son and his wife, fancy that! There I was, as if I were their baby.

First I lost my second son then my first. But, the day I had to see up to four doctors in a row was when my daughter insisted that I come here, where she lives. She told me that I could not stay there any longer, that I had to move in with her so she could take care of me. Now, I have lived here for almost twelve years; no, I can't

79

become a citizen 'cause I can't handle English. Really, I can't! Let me tell you that sometimes I don't even remember where I parked the car. Only last week I lost my purse with all my papers, including my green card and my daughter had to take me to get them all again. So, I am too old to struggle with the English language. I understand it, more or less, but to speak it is something else. Of course I do have many friends here. My daughter says I have more friends than she does although I don't speak it, but I manage, and even with more gestures than words, I make myself understood.

Yes, it is going to be twelve years since I lost my second child. You see, I had to deal with eight children because I lost one as a baby. So other than my baby, like I said, I lost my second child and then I lost my first one.

That day, I fed him a very good breakfast right before he left with a friend to take care of some real state paperwork. They left about nine and to my horror; my son just never came back! They called and asked us for a ransom of 500,000 dollars! No, not pesos, mind you, dollars! We put the money together any way we could, believe me; we sold even what we didn't have: land, house, furniture, and all we could get our hands on. They gave us exact instructions. They were very specific and said they did not want my oldest son to bring the ransom but my third son. They even told him what to wear. They told him to leave the money and not to turn around or they would kill him. And yet, they did not give us my dear son back.

After this, my daughter wanted me to move here because I just couldn't recover. Two years later, my oldest son invited me to go back to Chihuahua for a visit. He even promised to slaughter a pig just for me because, oh my goodness, how he resembled me in his tastes and he knew how much I loved the idea! So, he slayed his biggest pig and we feasted on roast, tacos, fried pork rinds… we could have eaten for days on such huge pig. When the feast was over and I wanted to go home, he stayed back and told me to go on to the house and he would meet me there. But that was the last time I saw him. They were waiting for him to murder him. It wasn't until the third day that he was found with his truck from what they called an "accident." But it was completely obvious that they killed him first and then they rolled the truck off of the cliff to make it appear as something else.

I prayed for him so hard because I was afraid he did not have time to repent and meet God; I couldn't shake the anguish just thinking how my son was. I became so desperate that one night, as I knelt to pray, in tears, I asked the Lord to let me know how he was. As soon as I fell asleep that night, I had a dream: I saw him as handsome as he was —because my son was very good looking, you know. He was wearing a blue shirt that suited him very well; like that, with his fair skin and straight teeth —he did have beautiful teeth— and he told me not to worry anymore, that he was at peace and that I had to be too. So I knew he was not suffering.

Later on, I started to work at my sister's little restaurant here in town. I helped her to make tortillas, yes. I had that job for a long time, but I can no longer work; my arms hurt so bad I can't even move them! Just see how difficult is for me to swim… I'm like a puppy in the water. Well, I was making tortillas when they called and told me my third son had been taken. Imagine that! I flung the rolling pin, ran to the back of the kitchen and got on my knees. I started to pray, well more than praying, I was shouting to the Lord, and I placed my son in his hands, to please not let him be hurt. I begged Him to help him and guard him from any harm. "Please Lord, You will not allow them to touch him. Under your protection nothing will happen to him. You will guard him and bring him back to me safe and sound" and so, it was. The ransom was paid, again selling what we could, whatever we had left. The deed for the land we owned was given as part of the ransom; yes, they have their own way to take care of changing the names on the papers so they could have control of any property they get. So, they kidnapped him in El Paso and just let him go. Once he was released, he walked and walked until he finally got home one morning, very skinny after several days of having nothing to eat, but by the power of God, they did not hurt him at all!

The kidnappers were from Ciudad Juarez and you know, it's because people in Mexico think that just because we live here, one has fists full of money. But God is merciful and He will forgive them. Who am I not to forgive? I have learned so much about our Father's mercy, because now, look at me: despite everything I have gone through, I am still here. That is why I want you to give me the recipes for the smoothies and the shakes, and hopefully between those and my homeopathic medicine, I'll manage to become regular.

And no matter, I can't go back home because I get so stressed out that my children worry so much about me. My grandchildren over there —my sweet little ones— beg me to go see them and I feel torn not in two but in three pieces, to be with the ones here, with the ones in my homeland and with those that God our Father already gathered…

Immigrants

Immigrants carry the taste of their mother's cooking in their mouth
They dream of flying in a comet's tail,
of being filled with the smells and flavors coming from the market
and eating a fruit cone seasoned with red pepper and lime
like they used to do as they came out of school.

Immigrants don't work,
they just break their backs and souls to keep
a piece of land they believe can be reached,
instead of spending the money that comes their way,
they send it home, to the last cent by Western Union,
so they can feed the illusive future they still hope to enjoy.

Immigrants cry, laugh, and shout in an absurd language;
they live hoping to return, but living, they return to hope
for something to keep their hope alive.
Anything that will allow them to dream of their homecoming
before the end of their life comes,
to cry, laugh and shout with those whom they miss inexorably.

Immigrants escape, flee from their own memories;
memories that chase and sometimes corner them.
All for not knowing what name to give to their sadness,
to a melancholy unlike any other.
Because the uprooting from their land
has ripped their heart in one fell swoop;
without even given them time to lament.

Immigrants speak in a language that is foreign,
with a painful accent that reveals their identity.
Yes, it is the cruel reality...
they belong neither here nor there
—as the common expression retorts.
And they speak with a distorted grammar,
as distorted as the soul they so desperately try to mend.

Déjame que te cuente...

Immigrants peel the calendar pages like daisy petals
to keep track of their absence, to sustain their hope,
to keep mind of the birthdays, anniversaries, weddings, baptisms...
all celebrations they have missed and will not get back.
They dream of the lighted road that takes them home every
      night,
only to wake up bewildered, with their hair tangled of memories
      and chimeras.

Mi aventura americana y la literatura

Beatriz Alem-Walker

La literatura siempre ha formado parte de mi vida, desde que era muy pequeña allá en el otro lado del mundo. Mi aventura comenzó a miles de millas del lugar donde vivo ahora, en otro rincón del continente americano. Yo nací y crecí en Montevideo, la capital del Uruguay. Un país pequeñito flanqueado por dos grandes colosos de la América del Sur, Argentina y Brasil. Literalmente un mundo aparte del que me toca transitar hoy en día. Los recuerdos de mi infancia y adolescencia en Uruguay son recuerdos felices, aunque incluyan unos doce años de dictadura militar. Como estudiante en la secundaria y más tarde en mis primeros pasos de universidad. Los pocos buenos profesores que aún quedaban en el Uruguay de la época (la mayoría había marchado al exilio), nos alentaban a leer, a estudiar, a educarnos. Los dictadores —nos decían estos magníficos educadores— buscan mantener al pueblo en la ignorancia para no ser desafiados. Así que "combatir la ignorancia" se convirtió en el lema de la revolución pacífica de los que permanecimos en el "insilio". Palabra usada por el escritor y dramaturgo uruguayo Carlos Manuel Varela que denominaba a los uruguayos que permanecieron en su país durante la dictadura a pesar de estar en contra de ese proceso totalitario. Los que crecimos en esa época leíamos vorazmente a los grandes filósofos, a los historiadores, literatos, dramaturgos y poetas, tanto clásicos como contemporáneos. Los uruguayos en general estamos muy orgullosos de nuestra educación, pero especialmente de la que tuvimos en aquella época, muy a pesar del sistema educativo imperante, aunque fuera en forma clandestina, ya que muchos de los libros y textos estaban prohibidos.

Fue así que la literatura se convirtió en mi pasión. Claro que *La Ilíada* y *La Odisea*, *La Poética* de Aristóteles, las obras de Miguel de Cervantes, Lope de Vega y toda la gama de los clásicos griegos, hispánicos, etc. fueron parte de la lectura obligada y disfrutada a la misma vez. Aunque los autores prohibidos, como aquéllos del Boom Latinoamericano se convirtieron en lectura indispensable. Sin embargo, debo confesar que mirando hacia atrás no creo haber entendido todo lo que estos grandes autores querían decir en su forma más profunda. Varios años después volví a leer a muchos de esos autores en otro continente, en otro hemisferio y en distintas circunstancias de vida. Sus palabras tomaron una importancia casi "aclaratoria" de las experiencias de vida por las que pasé y aún siguen clarificando tantos momentos vividos.

Mi aventura literaria se unió a mi aventura americana en el hemisferio norte, todavía en las Américas pero un continente aparte de mi lugar de origen, siguiendo a mi esposo a su país con nuestros cuatro hijos. Estando tan lejos del resto de mi familia (padres, hermanos, abuelos, tíos y tías) mis hijos se transformaron en el centro de mi vida, en mis amigos más cercanos, los que dieron significado a todos mis esfuerzos. Mi amor por la literatura tomó una profunda dimensión personal. En mi mente las palabras de nuestro gran poeta chileno Pablo Neruda, que dirigió a su amada, para mí ilustraban perfectamente la relación con mi prole ya que cada uno de ellos fue considerado como un "...dulce jacinto azul, torcido sobre mi alma."

Gabriel García Márquez, nuestro Premio Nóbel colombiano, me recuerda que todos amamos el lugar en el que nacimos, aún un lugar que no era perfecto como aquél sobre el cual escribió en su obra magna, lugar inspirado en su ciudad natal de Aracataca, Colombia: "Macondo era entonces una aldea de veinte casas de barro y caña brava construidas a la orilla de un río de aguas diáfanas que se precipitaba por un lecho de piedras pulidas, blancas y enormes como huevos prehistóricos...". Todos los latinoamericanos llevamos un Macondo en el corazón.

Y mientras trataba de comenzar una nueva vida en Texas, tan lejos de mi hogar natal, las palabras de la querida Gabriela Mistral venían a mi mente:

> La mesa, hijos, está tendida
> en blancura quieta de nata
> y en cuatro muros azulea
> dando relumbres, la cerámica...

En Texas me costó mucho hacer amigos, las reglas de la amistad son diferentes en distintos lugares, debiera haberlo sabido pero no lo anticipé. Sin embargo, las palabras del héroe y poeta cubano José Martí me inspiraron a no desistir de tan necesaria relación:

> Cultivo una rosa blanca
> en julio como en enero
> para el amigo sincero
> que me da su mano franca.
> Y para el cruel que me arranca
> el corazón con que vivo
> cardos ni hortigas cultivo
> cultivo una rosa blanca.

Después de algunos años de vivir en Estados Unidos, recibí una noticia terrible. Mi querido hermano Miguel, que vivía en Francia, tenía un cáncer terminal. A París salí con dos de mis hijas ya adultas, y pasamos diez de los últimos días de mi hermano recordando los viajes hermosos en los que nos habíamos reencontrado: en París, en Mathaux, en Nueva York... Todavía hoy extraño tanto a mi amado Miguel, y es entonces que me rescatan las palabras de otra latinoamericana, Isabel Allende, que me dice: "La muerte no existe, la gente solo muere cuando la olvidan; si puedes recordarme, siempre estaré contigo." Es tan cierta esta reflexión de la famosa chilena, porque Miguel sigue vivo en nuestro recuerdo, como si todavía estuviera allá del otro lado del Atlántico, en la ciudad luz.

Hace ya muchos años que vivo en este país del norte, y no sólo

me he acostumbrado a esta vida sino que me he integrado totalmente, aunque sea muy distinta de la que provengo. Pero pienso y
siento como sintió mi admirado Mario Benedetti, el gran escritor
uruguayo que vivió muchos años fuera de su país, no por voluntad
propia sino por necesidad:

> Ah... si pudiera elegir mi paisaje
> elegiría, robaría esta calle
> esta calle recién atardecida en la que
> encarnizadamente vivo
> y de la que sé con estricta nostalgia
> el número y el nombre de sus setenta árboles.

La literatura ha jugado un papel muy importante en mi vida:
ensanchó mi horizonte, cuando éste se vio recortado por la dictadura; me dio fuerza cuando era una inmigrante reciente y renuente,
me consoló cuando perdí a un ser querido; me dio una segunda
carrera después de la primera y más importante, la de ser madre.

Ciertamente cuando por circunstancias de la vida emigré a los
Estados Unidos y comencé mi carrera académica, me di cuenta de
la necesidad que existe entre nuestra gente joven, aquí en este gran
país, de ser motivados a leer más literatura, a dejar volar su mente
por esos mundos magníficos que otros seres humanos han creado
para nosotros y a dar significado a su vida a través de las palabras y
las ideas de nuestros grandes escritores.

Mi aventura en la lengua estadounidense ha revelado nuevas
estrellas en mi cielo literario. Estrellas brillantes como Hemingway, Twain, Whitman, Dickinson y tantos otros literatos y poetas.
Alguien dijo que "la vida es una novela", la mayoría de nosotros
escribe su propia historia, no con papel y lápiz sino con vivencias
propias; pero cuando las cosas se ponen difíciles, ¡qué bueno es
escaparse a los mundos creados por aquellos que sí escriben con
papel y lápiz!

Literature and My American Adventure

Beatriz Alem-Walker

Literature has always been a part of my life, since I was a little girl on the other side of the world. My adventure began thousands of miles away from where I live today, on another corner of the American continent in the Southern Hemisphere. I was born and raised in Montevideo, the capital of Uruguay, a small country surrounded by two colossal giants, Argentina and Brazil. This was and is literally a world apart from the one I live in today. I have very happy memories of growing up in Uruguay, even though that part of my life included twelve years of a military dictatorship. As a student in high school and during my first semesters of college, the few good educators that still remained in Uruguay exhorted us to read, study, and value education. Most of the other professors had gone into exile. These dedicated educators would tell us that dictators want to keep their people in ignorance so they would not challenge them. Thus "fighting ignorance" became my generation's motto, the driving theme of a pacific revolution for those who remained in the country, in what Uruguayan writer Carlos Manuel Varela calls "insilio."

My generation grew up reading voraciously, from the great philosophers, historians, literati and playwrights, classical as well as contemporary. We Uruguayans in general are very proud of our education, but especially those of us who lived through the dictatorship because our education came in spite of the regime, by clandestine means, largely due to the fact that many of the books and textbooks were prohibited by the military.

Consequently, literature became my passion. I read the classics, of course, not only because they were part of the curriculum but also because I enjoyed them thoroughly such as *The Iliad* and *The Odyssey*, Aristotle's *Poetics*, Miguel de Cervantes, Lope de Vega, and so on. But the most read authors were those of the Latin American Boom Period, the ones prohibited by the de facto governments. Nevertheless, I must confess that I did not understand completely or in depth what those authors were writing about until my circumstances made their words come to life. When I moved to another hemisphere and was immersed in a completely different way of life, the words in the poems, novels, essays and plays really began to resonate.

My literary adventure was joined by my American adventure as I entered the northern hemisphere, in the American Midwest. My husband was originally from there, so my four children and I followed him. Being so far away from my Uruguayan family (parents, brothers, aunts, uncles, cousins…), my children became the absolute center of my existence, my closest friends, the ones who gave meaning to all my efforts. My love for literature took a personal dimension. I remember the words of the beloved Chilean poet Pablo Neruda dedicated to a loved one, "Sweet blue hyacinth resting upon my soul." And they became mine. Each one of my offspring was that hyacinth.

Gabriel García Márquez, our Colombian Nobel Prize winner, reminds me that we always love the place where we are born, even if remote and far from perfection. He set his masterpiece in a place that he replicated after his native town of Aracataca, Colombia. He said: "Macondo was a village of twenty adobe houses, built with mud and reeds by the bank of a river of clear water that rushed through a bed of polished stones, white and enormous, like prehistoric eggs…" Every Latin American carries a "Macondo" in his or her heart, reminding us of our beloved birthplaces no matter how far away we are. While I was trying to adapt to our new life in Texas, so far from my hometown, the words of dear Gabriela Mistral came to mind. The first Latin American woman to win the Nobel Prize of Literature said:

> The table, my dear little ones, has been set
> in the quiet whiteness of our residence
> within four blue walls
> shining with ceramic tiles.

In Texas, making friends did not seem as easy as in my native Uruguay. The rules of friendship are different in different places, and what they called 'friends' seemed like the relationship we established with acquaintances. I should've known after all that time studying English and American culture, but I did not anticipate having to re-think the rules of something as natural as friendships. Then the words of the Cuban poet and hero, José Martí, rang in my ears:

> I plant a white rose
> in January as in July
> for the sincere friend
> who offers me an open hand.
> And for the cruel one
> who tears the heart with which I live
> neither thistles nor nettles I plant
> I plant a white rose.

After a few years of living in the United States, I received the terrible news of my beloved brother Miguel's terminal illness. My daughters and I flew to Paris, France, the city where he had lived for 30 years of his life. We spent ten of his last days on earth remembering the many wonderful times we had had together in Montevideo, New York, Paris and Mathaux. Even today I so miss my dear brother. It is at times like these when literature becomes a source of comfort. In the words of our well-known novelist Isabel Allende: "Death does not exist; people only die when they are forgotten; if you can remember me I will always be with you."

I have been in this country for almost twenty years. Not only I am used to life in the American Midwest, I have totally integrated myself into a life that is quite different from the life I had in

Déjame que te cuente...

my country. However, I think and feel like the beloved Uruguayan writer Mario Benedetti. He lived for many years away from his country, not by choice but by circumstance:

> Ah... if I could choose my landscape
> I would choose or rather steal this street
> this street at dusk
> where I live fiercely
> and nostalgically know
> the number and the name of its seventy trees.

Literature has played a very important role in my life; it widened my horizon, when it was curtailed by a dictator. It gave me strength when I was a recent and reluctant immigrant and comfort when I lost a most beloved brother. It gave me a second career after my most important one, that of being a mother.

When life's circumstances brought me to the United States and I began my academic career, I discovered a few things. There is a great need, especially among our youth, to be motivated and read more literature. Literature would be instrumental in prompting their minds to fly among the magnificent worlds created by some of the most inspired human beings, the great writers who give meaning to our lives through their words.

My adventure in American literature has revealed more bright stars to my literary sky, including Hemingway, Twain, Whitman, Dickinson and many other novelists and poets. Someone once said: "Life itself is a novel." Most of us write our own story, not with pen and paper, but with our own experiences. Nevertheless, when the going gets tough, it's so good to escape to the worlds created by those who do use pen and paper!

Tierra lejana

Juana Pignataro

En esta tierra de todos
donde nadie habla a nadie
donde todos somos extraños
ya sea por nuestra piel
o por nuestra lengua,
donde nos llevamos la peor parte
por no conocer a nadie
y porque nadie nos conoce
o no nos quieren conocer.

Qué triste es vivir lejos de lo nuestro
donde todos somos iguales
hablando una misma lengua
y de color nos parecemos.

Pero por la circunstancia de la vida
buscamos la manera de vivirla
porque por belleza no se vive.

Tenemos que hacer amarga
la existencia de nuestra vida,
donde el destino nos lleva
ciegamente a un mundo,
que cuesta mucho
sonreír.

Pero vivir,
tenemos que vivir,
para existir.

Far Away Land

Juana Pignataro

In this land of ours
where no one speaks
to anyone
where we all are strangers
be it because of our skin
or our language,
where we bring ourselves
to the worst part
for not knowing anyone
and because no one knows us
or they don't want to know us.
How sad it is to live
so far from what is ours
where we are all equal
speaking the same language
and our color is the same.

But on account
of the circumstances of our life
we look for a way to live it
because by beauty alone
one does not live.

We have to make bitter
the existence of our life,
where destiny takes us
blindly to a world,
where it is hard to smile.

But to live,
we must live,
in order to exist.

La quinta de once

Amalia Barreiro Gensman

Matilde de la Concepción (Mati), María Teresa Isabel (Tere), Luz María Guadalupe (Luzma), Juan José (Juancho), Amalia de Jesús (Mayus), Plutarco Javier (Taco), Concepción Altagracia (Conchis), Manuel Antonio (Manolo), Cecilia Eugenia (Ceci), Beatriz de la Cruz (Ticha) y para cerrar con broche de oro, Gloria del Sagrado Corazón de Jesús y de María (Gloria). Agregándole el Barreiro Güemes Pavón Sanromán y se tendrá la lista de personas con quienes crecí.

Mis diez hermanos y yo, la quinta de la prole, crecimos muy unidos, creo que es la ventaja de tener una familia numerosa, la unidad entre nosotros todavía existe aunque estemos separados geográficamente. Es curioso cómo al decir que soy la quinta de once, la reacción cambia según la persona a quien se lo diga. Si la persona es hispana, por lo general lo considera común y muchas veces la respuesta es: "Yo soy el/la --- de ---" con números entre los espacios. En cambio, si se le menciona a un americano, el comentario es siempre de admiración o la expresión: "Eres católica ¿no?"

Recordar la niñez y la juventud es a veces difícil pues implica el sentir la nostalgia de años pasados, de lugares lejanos, de personas amadas que tal vez ya no vivan, de sentir que la edad se nos viene encima. Al mismo tiempo los momentos felices, las aventuras de chicos, las travesuras en que nos metíamos, son siempre recuerdos que nos traen gozo y sentido de identidad propia.

Mi vida en México, la que dejé desde 1969 estuvo siempre asociada a uno u otro de mis hermanos. Como quinta, era la más chica de los grandes y la más grande de los chicos, lo que significaba que podía ir a todas las fiestas o tardeadas porque todavía 'estaba en edad' así que en mis años de adolescencia, cada fin de semana podía asistir a una fiesta. Por lo general íbamos dos o tres de nosotros, a veces hasta cinco y claro que cuando llegábamos se escuchaba: "Ya llegaron los Barreiro, ahora sí a bailar" pues para nosotros era normal llegar y salir bailando. Estábamos acostumbrados a participar en las fiestas. Tanto en mi casa como en la de mis abuelos paternos (mis Abues), don Juan Barreiro y doña Teresita Pavón, siempre había música. Mi padre, Plutarco Barreiro era músico de profesión por lo que siempre había quien tocara ya sea el piano o el acordeón y un coro compuesto de su hermano y de sus primos. Recuerdo a mi abuelo enseñándonos a bailar, con suerte que yo siempre tenía pareja ya que podía bailar con mi hermano Juancho o con Taco y si no había hermanos bailábamos las hermanas.

La familia de mi madre, Concepción Güemes, era más seria, un poco más conservadora. Los domingos casi siempre visitábamos a mi abuela doña Concepción Sanromán viuda de Güemes (mi Ita) la que nos tenía juegos de mesa y libros para entretenernos. Las visitas en casa de Ita eran siempre divertidas pero también instruían. Mi tía tenía una colección de libros a los que siempre tuvimos acceso.

Salir de visita ya fuera a casa de mi abuela o a casa de alguno de mis tíos era toda una odisea. Por lo general, mis papás con los cinco más chicos tomaban un taxi y los otros seis nos íbamos en camión. Estábamos muy organizados ya que los más grandes cuidaban a los más chicos. Los chicos teníamos que darle la mano a una de las "tres grandes" y hacíamos nuestra rutina. Nos subíamos, corríamos a buscar asiento mientras que Mati pagaba por todos. Hoy en día en la ciudad de México me horrorizo al pensar el riesgo al que estaríamos expuestos. ¡Cómo han cambiado los tiempos!

La vida cotidiana era una constante interacción entre los hermanos. Siempre había alguien con quien jugar: si queríamos jugar a la casita, había bebés de verdad; para jugar al coche teníamos suficientes escaleras para sentar a todos; de vez en cuando armábamos guerras de los chicos contra las tres grandes y para hacer la tarea, jugábamos a la escuelita y nos ayudábamos unos a los otros. De los once, siete somos maestros. Aunque mis papás tenían que trabajar, mis abuelos paternos vivían con nosotros.

La casa donde vivíamos tenía tres pisos. En el primer piso vivían mis Abues, en el segundo nosotros y en el tercero había una azotea bardeada que además tenía un alambrado, así que podíamos jugar sin peligro de caernos. En la azotea corríamos, patinábamos o simplemente nos columpiábamos. Además, como era el lugar más seguro de la calle —esa casa estaba en la esquina de Pino y Amado Nervo, cerca del centro del D.F. y había mucho tráfico de coches, camiones y hasta un tranvía— los vecinos venían a jugar con nosotros. En una ocasión, cayó una granizada muy fuerte y empezamos a jugar tirando bolas de granizo primero unos a los otros y después a la calle. En eso, vimos un paraguas enorme y empezamos a bombardearlo con bolas de granizo. Lo malo es que debajo del paraguas venían mis papás quienes lo habían pedido prestado. Mi mamá utilizó el paraguas roto para "darnos una lección". ¡Todavía recuerdo los paraguazos que recibí! Años después, en parte de la azotea se construyó un salón de baile, de ensayos para la orquesta de mi papá y como academia de baile. Desde que estábamos en la secundaria, se organizaban fiestas de cooperativa (cada quien llevaba algo para compartir) la mayoría se hacía en el salón de mi casa. Ese salón se convirtió en un apartamento cuando nos mudamos al Pedregal de San Ángel y el edificio se vendió.

La casa del primer piso, donde vivían mis abuelos siempre estaba llena de gente. Ellos tenían las mismas cinco recámaras que había en nuestra casa, así que las alquilaban como casa de huéspedes para jóvenes que asistían a la universidad. Mi abuela, una gran cocinera, siempre tenía visitas y para santos, cumpleaños o aniversarios, siempre se organizaban comidas. Era muy común que una de sus primas le trajera una caja de chocolates muy finos. Mi abuela la guardaba en su ropero por varias semanas antes de abrirla y repartirlos entre nosotros. Lo malo era que cuando nos los daba ya estaban impregnados de olor a perfume. En una ocasión, mientras la fiesta estaba en grande, mis hermanos y yo nos robamos la caja con la idea de que así, los chocolates estarían frescos y razonamos que de todos modos éramos nosotros los que nos los íbamos a comer. Pare evitar el castigo, le pasamos unos a mi papá quien nunca decía que no a un chocolate, de esa forma lo hicimos cómplice. Un mes después, cuando mi abuela descubrió la caja semivacía, no nos pudieron castigar. Lo malo fue que la segunda vez que intentamos el robo, en vez de chocolates, mi abuela tenía una medicina que se llama Ex-Lax, un laxante en forma de chocolate y nosotros sin saber, nos lo robamos y así como dice el dicho: "Con el pecado viene el castigo". Mi padre, quien también sintió las consecuencias, se encargó de que fuera la última vez que robáramos algo del ropero de mi abuela.

La Navidad siempre nos proporcionó una oportunidad de unirnos y de cooperar. Empezando por juntar dinero para comprar el regalo de mis papás para el que todos aportábamos algo; claro que los mayores que ya trabajaban ponían más que los menores, pero todos cooperábamos con lo que tuviéramos. La Navidad implicaba poner el nacimiento sobre mesas y cajas de cartón y un banquito de madera, cubiertos de musgo y heno, con su portal, su caserío, su lago de espejo, su cascada de pelo de ángel, su ermitaño y sus ángeles colgados del techo volando como Tarzán. Las figuras eran de diferentes tamaños pues cada año conseguíamos unas nuevas o reponíamos las rotas. Un año, el nacimiento se quemó y sólo quedaron el Niño, algunos borregos y unos patos ahumados. En el nuevo, el Niño era más grande que San José y la Virgen, pero nunca se cambió.

Las comidas diarias eran eventos festivos. Creo que eso es lo que más extraño desde que llegué a Estados Unidos, y sobre todo de recién casada, cuando tenía que comer sola. La mesa del comedor medía cuatro metros y tenía catorce sillas. Era ovalada para poder agregar sillas en la orilla cuando se necesitara. A veces comer en la casa era como en un restaurante, unos llegaban a comer y otros ya salían, el horario de cada uno causaba un entrar y salir y muchas veces llegábamos con uno o dos amigos a comer, lo curioso es que siempre había comida. Las ollas y cacerolas de mi casa eran enormes, simplemente la olla donde se hervía la leche era de doce litros. En mi casa se usaban diez litros de leche diarios y el lechero los traía todos los días. Una tarde le informó a mi mamá que la leche costaría un peso más por litro a partir del día siguiente. Al preguntarle ella por qué, le respondió que el vecino hasta entonces le había informado que nuestra casa no era orfanatorio y que todos éramos en realidad sus hijos así que ya no le podía dar descuento por caridad. Esa misma olla se convertía en ponchera para las fiestas con varios litros de refresco y un litro de ron.

Mis padres eran estrictos pero comprensivos, su ejemplo era la guía a seguir. A nosotros se nos enseñó que cada persona, no importa quién sea o qué problemas tenga, (físicos o emocionales) es digna de respeto y de aceptación. Las puertas de mi casa siempre estuvieron abiertas para el que viniera. Todos teníamos amigos a quienes les encantaba ir a la casa ya que nunca se les cuestionó y siempre se les hizo sentir bienvenidos. Mis padres fueron ejemplo de tolerancia en todo aspecto —menos en falta de cortesía y buenos modales—. Ellos trabajaron con muchas personas de mundos muy diferentes. Su vida profesional se desarrolló entre músicos, bailarines, coreógrafos, directores artísticos, etcétera, y aunque profesaban la fe católica nunca criticaron o trataron de imponer sus creencias a nadie. Eso sí, si alguien les preguntaba o pedía consejos o ayuda ya sea económica o espiritual, siempre estuvieron dispuestos a ayudar, guiar y a dar ejemplo. Crecí rodeada de cariño y de comprensión aunque con disciplina y orden.

"Un lugar para cada cosa y cada cosa en su lugar" eran el lema de mi madre y la ley de mi casa. Mi padre era falto de vista y podía moverse y ambular por la casa sin ningún problema, claro está que si se tropezaba con algún juguete o mueble que estuviera fuera de lugar entonces recibíamos un severo regaño. La única vez que se nos castigaba o sentíamos el cinturón era cuando nos peleábamos unos con los otros. "El hermano que está unido a su hermana es como una ciudad amurallada" era otro de los dichos favoritos de mi mamá. El ejemplo y el amor de mis padres es la herencia más poderosa que pudiéramos haber recibido. Bajo su techo aprendimos a contar el uno con el otro, a saber que pertenecíamos a la familia como una parte integral de nuestra identidad y de nuestro ser.

Como adolescentes y como adultos empezamos a desarrollar once personalidades distintas y diferentes puntos de vista; desde políticos hasta religiosos, en todos los aspectos y en todas las gamas. Once personas diferentes pero unidas. Hasta la fecha seguimos así y gracias a la tecnología moderna, podemos estar en contacto constantemente. Cada año nos juntamos y tratamos de estar presentes en la reunión, haciendo todo tipo de esfuerzos para estar ahí. Estas reuniones, estamos hablando de hermanos, cuñados —a quienes se han nombrado miembros de la oposición— la siguiente generación de sobrinos con sus cónyuges y ahora nietos además de primos, es un fin de semana de hablar sin parar, de niños corriendo por todas partes, de camas improvisadas del "De rincón a rincón todo es colchón"; de doce personas en un coche, de recordar, reír y aconsejar…

Mi familia es como una colcha, de ésas que se forman uniendo retazos de tela, de cuadrito en cuadrito. Cada miembro de la familia es uno separado, diferente, pero unido a los demás. Me veo en ella como el quinto cuadrito de la primera fila. Veo en ella a mis tres hermanos y a mis siete hermanas, —dos de ellos ya están en el Cielo con mis papás; veo en ella a mis cuñados, veo en ella a Larry mi esposo; veo en ella a mis cuatro hijas, a mis yernos, a mis nietos; juntos y amalgamados con mis sobrinos y a mis sobrinos nietos. Esta colcha tiene la base del amor y el cariño de mis padres. La veo como una fuente de calor y seguridad. Con ella me cubro en todo momento y le doy gracias a Dios por ella; por esta colcha extendida geográficamente en todas direcciones con el verdadero centro en mi ciudad, el ombligo de la luna, mi entrañable México, D.F.

The Fifth of Eleven

Amalia Barreiro Gensman

Matilde de la Concepción (Mati), Maria Teresa Isabel (Tere), Luz Maria Guadalupe (Luzma), Juan Jose (Juancho), Amalia of Jesus (Mayus), Plutarco Javier (Taco), Concepción Altagracia (Conchis), Manuel Antonio (Manolo), Cecilia Eugenia (Ceci), Beatriz of the Cruz (Ticha) and to top it all, Gloria of the Sacred Heart of Jesus and of Maria (Gloria). As you add Barreiro for a last name, you have the list of the people with whom I grew up.

My ten siblings and I, the fifth of the bunch, grew up together in a very close knit family. I do believe that to be an advantage of a large family. This closeness still exists today even though we are far apart geographically. It is amusing how when I mention my large family to someone, the reactions are different. If I am speaking to a Hispanic person he or she takes it as normal and replies with: "I am the --- in a family of ---" with numbers given in the blanks. However, if I mention it to an English speaking person, he or she makes some kind of comment or question such as: "Are you Catholic?"

It is difficult to recall one's childhood or one's youth because it implies nostalgia for days gone by, places long abandoned and loved ones who are no longer with us. It means feeling like the years are catching up to us. Yet, it brings back happy memories of childhood adventures or mischievous actions that remind us who we really are and reinforce our identity.

My life in Mexico, which I left in 1969, was always associated with one or more of my brothers or sisters. As the fifth, I was considered the youngest of the older ones and the oldest of the younger ones. This meant that I could attend all parties without any problems since I was close enough in age to whichever sibling was invited. Every weekend I could go to a party. Usually two or three of us would go together, some times as many as five. Of course, as soon as we arrived one could hear "the Barreiros are here; now it's time to dance." It was perfectly normal for us to come in dancing and leave the party dancing. We were used to parties and family gatherings. At my grandparents' home, don Juan Barreiro and doña Teresa Pavon-Barreiro (whom we nicknamed "Abues") music was a part of their everyday life. My father Plutarco Barreiro was a professional musician, so there was someone to play the piano or the accordion followed by a choir of his brother and his cousins. I remember my grandfather teaching us how to dance. Lucky for me, I always have a partner in one of my brothers. If they were not available, I would dance with my sisters.

My mother, Concepcion Güemes-Barreiro had a more serious and conservative family. On Sundays, we usually visited my grand-mother doña Concepcion Sanroman-Güemes, whom we lovingly called "Ita." She used to have board games and books for us to learn and to pass the time. Visiting her was a different kind of fun. My aunt had a great collection of books available to us.

To visit my grandmother or any of my aunts or uncles was a complete odyssey. My parents would take a taxi with the youngest five, and the oldest six would take the bus. We were very well or-ganized; we had to take the hand of one of the three oldest sisters. Once on the bus we would run to get a seat and the oldest, Mati paid for all of us. Today in Mexico City, it would have been so terribly dangerous and risky to do that. How times have changed!

Daily life was a constant interaction among siblings. We always had someone to play with. If we wanted to play house, we had real babies. There were enough stairs to seat everybody if we wanted to play car. Once in a while the younger ones would have open wars with the oldest ones. To do our homework we would play school and help each other. Of the eleven, seven of us are teachers. My parents worked but my grandparents lived in the same house with us.

The house where we grew up had three floors. My "Abues" lived on the first floor, we lived in the second floor and on top was a flat roof that was walled and wired so we could play without risks. There we ran, skated, and even swung without any danger. The house was located on a very busy intersection with cars, buses and even an electric train. Many of the neighborhood children played there with us. Once we had a severe hailstorm. After the storm, we started to play making and throwing balls of hail at each other and then at the pedestrians on the street. We saw a very large umbrella and we bombarded it with balls of hail. To our surprise, my parents were under the borrowed umbrella. My mother used the broken umbrella to "teach us a lesson." I can still remember the pain the umbrella caused. Several years later, part of the roof became a dance and rehearsal studio for my dad's orchestra. When I was in junior high, we used to organized potluck parties, and many of them would take place in our dance studio. That dance studio became an apartment when the house was sold and we moved to a larger home in the Pedregal neighborhood.

The house on the first floor, where my "Abues" lived, was always full of people. It had the same five bedrooms as ours, so they had a room and board business for students from their hometown who came to study at the university. Also, since my grandmother was an excellent cook and baker, she had company constantly. Furthermore, for every birthday, saint's day, anniversary or any other excuse, she would have a special meal. It was common for one of my aunts to bring her a box of chocolates, which she would keep in her wardrobe for weeks before she would open it and distributed it among us. On one occasion, we decided that it would be a waste of candy to wait. By that time the chocolates were distributed, they will have taken on the taste of her perfume, besides, we reasoned, were going to be the ultimate recipients of the candy and we should steal it while it was fresh. While the party was in full swing, we stole the box, ate some and gave some to our father. Of course he did not know where they came from and he would never turn down candy; thus we made him an accomplice.

A month later when my grandmother discovered the half eaten box we were not punished. We did not learn our lesson until later, when we tried it again. The problem was that this time what we stole was not chocolate but a laxative by the name of Ex-Lax that looks and tastes like chocolate! The saying "with the crime comes the punishment" became very clear to us. After my father suffered the consequences, he made sure it was the last time we stole anything from my grandmother's wardrobe.

Christmas would bring us the opportunity to cooperate and work together. We collected money to buy our parents a present. Of course, the older ones gave more money than the younger ones, but everyone donated whatever they had. The wall of the living room was the location for the nativity. It was built with tables, cardboard boxes and our step-up stool, all covered with moss. It had the manger, a lake made with a mirror, an angel hair pretend water fall, a small village, a hermit and of course angels suspended from the ceiling flying like Tarzan. The figurines were of all shapes and sizes. Each year a figurine was added to replace the ones that were broken. One year the nativity caught fire and only Baby Jesus and some of the lambs and ducks survived. Since we had to replace it all, the figurines were smaller so the baby was bigger than Joseph and Mary, but He was never replaced.

Meal time at home was a festive event. When I came to the USA as a bride, it was the noise of the midday meal I missed the most. Our dining room had a twelve foot table and fourteen chairs. It was oval shaped so if needed; we could add chairs at the end. At times, eating at my house resembled a restaurant with people coming and going according to their schedules, and many times one of us would bring a friend or classmate as a guest for the meal.

Now I wonder how my mother managed to have enough food. The pots and pans in my house were huge. We had a three gallon container for boiling milk. We consumed ten liters of milk a day. Milk was delivered every day. One afternoon the milkman informed my mother that starting the next day the milk would cost one more peso per liter. When she asked him why, he responded that the neighbor informed him that my house was not an orphanage and that we were all her children, so she did not qualified for the charity discount. The same container was used to make the party punch with several liters of soda and a liter of rum.

My parents were strict but understanding. Their example was the expected guide to imitate in our own behavior. We were taught that each person, no matter how different (either physically or emotionally), deserved respect and acceptance. The doors of my home were always open to anyone who would wander in. We all have friends who love to spend time there because they always felt welcome.

My parents were tolerant in every aspect except in bad manners and lack of courtesy. They always insisted that we were polite even to people we did not like. They worked with people of very different walks of life. Their professional life was surrounded by musicians, dancers, choreographers, art directors, etc. My parents professed the Catholic faith but they were never critical or judgmental. They never imposed their ideas or beliefs. Yet, if anyone would ask for help be it spiritual or material they were willing to help, guide or give advice. I grew up surrounded by love and understanding but with discipline and order.

"A place for everything and everything in its place" was my mother's motto and the law of my home. My father was blind but could ambulate around the house without any problem. If he were to trip on a toy or furniture, then we were reprimanded. We only felt the effects of the belt or were punished if we fought with each other. "Brothers united together are as strong as a walled city" was another of my mother's favorite sayings. The example and love of my parents is the best legacy we could have received. Under their roof, we learn to lean on each other. We knew how being a member of the family was an integral part of our identity.

As we reach adolescence and adulthood, we develop different personalities and very distinct points of view; from politics to religion in all aspects and degrees. We are eleven very different people, but our bond is strong to this day. With the new technology, we are in constant contact. We get together every year and we all make every possible effort to be at the family reunion. These reunions, we are talking about a weekend of mayhem and pandemonium with siblings and their spouses —nicknamed the opposition— together with nieces and nephews, their spouses and their children. These are several days of constant talking, children running around, improvised bedding, twelve passengers in a car, laughter, remembrance, and of giving advice and suggestions...

I see my family as a patchwork quilt, those made of many different fabric remnants, little squares join together. Each member of the family is a separate and unique part yet tied to all the rest. I see myself as the fifth square of the top row. I see in it my three brothers and my seven sisters, two of them now in Heaven with mom and dad. I see in it my in-laws. I see Larry, my husband. I see in it my four daughters and my two sons-in-law. I see in it my five grandchildren together, stitched to my nieces, my nephews and their children. This quilt is lined with the love and affection of my parents, for each other and for us. To me, it is a source of warmth and security. I can cover myself with it every moment of my life, and I thank God for giving it to me, for giving me this quilt that reaches many geographical locations but that is anchored in my city, the navel of the Moon, my beloved Mexico, D.F.

Una sabia decisión

Francisco Martínez

Mis alumnos, amigos, vecinos y otros profesores siempre me han hecho la siguiente pregunta: ¿Qué te trajo a los Estados Unidos? ¿Por qué estás viviendo en Oklahoma? Siempre he respondido esas preguntas brevemente. Por eso pienso que ya es hora de escribir con más detalles acerca de cómo llegué a Oklahoma y lo que me trajo a vivir y trabajar en este maravilloso país, los Estados Unidos de América. Más importante aún, de cómo me convertí en un profesor de español. Esencialmente le digo a todo el mundo que me considero un "Embajador Cultural del Mundo Hispánico". Voy a compartir con ustedes algunas reflexiones sobre mi vida como docente y cuáles son las estrategias de enseñanza que utilizo en mis clases para convertirme en un maestro eficaz; así como del lugar donde actualmente vivo y trabajo.

Para empezar este relato, nuestro viaje a los Estados Unidos comenzó cuando solicité una visa de estudiante en 1999. Recuerdo que mi familia y yo tuvimos que esperar más de un mes para recibir la forma de migración I-20 de la Universidad Estatal de Oklahoma en Stillwater, Oklahoma. Por alguna razón, el Departamento de Estudiantes y Asuntos Académicos Internacionales tomó un largo tiempo para emitirla y enviarla a Venezuela. Al principio estábamos desesperados. Mi familia y yo habíamos empacado y estábamos esperando a que el documento llegara al apartamento de mi cuñada porque ya habíamos alquilado el nuestro en Caracas, Venezuela. En aquel tiempo nos sentíamos como si nunca lo conseguiríamos. Esperamos por casi dos meses. Cuando finalmente llegó el documento, me fui a la Embajada de Estados Unidos en Caracas y conseguí mi visa F1, junto con tres visas F2, para mi esposa Berta y para nuestros dos hijos, Gidbert y Francis. El 27 de agosto de 1999 todos llegamos a Oklahoma. Nos sentíamos felices porque estábamos por fin aquí en EEUU: yo había sido aceptado como estudiante de posgrado para hacer mi doctorado en educación en la Universidad Estatal de Oklahoma. En el momento en que llegué, mis clases ya habían comenzado por consiguiente, estaba estresado pues tenía que ponerme al día con las clases. Llevaba dos semanas de retraso en las clases. Quiero destacar que antes de llegar a esta universidad en 1998 yo había conocido a los profesores del Departamento de Educación de la universidad. La Universidad Simón Bolívar en Caracas, Venezuela, para la cual yo estaba trabajando, quería firmar un convenio académico con la Universidad Estatal del Estado de Oklahoma.

Mi hermano mayor, Pedro, que era un estudiante de doctorado en la Universidad Estatal del Estado de Oklahoma, había terminado todo sus cursos y estaba trabajando en su tesis doctoral. Ya que él conocía a los profesores y el programa de doctorado, me lo había recomendado a mí. En 1997 había culminado mi maestría en la Universidad Simón Rodríguez en Caracas y estaba muy emocionado de ser un estudiante de doctorado.

La adaptación a nuestra nueva vida no fue muy fácil. Cuando mi esposa e hijos llegaron aquí no hablaban inglés en lo absoluto. Gidbert se había inscrito como estudiante del décimo grado en la Escuela Preparatoria de Stillwater. Francis se había matriculado en quinto grado en la Escuela Primaria Westwood. Afortunadamente, el sistema educacional de la ciudad proporciona un gran programa de inglés como segunda lengua y al cabo de unos meses podían comunicarse con los profesores y amigos en inglés. Al principio de nuestra llegada, era difícil para ellos hacer amigos en la escuela porque su conocimiento de inglés era limitado. Sin embargo, su vida cambió cuando sus nuevos amigos podían ir a casa a jugar con ellos. Mi esposa pudo asistir a los cursos de inglés como segundo idioma que ofrecía la Escuela Preparatoria durante la noche en Stillwater. Del mismo modo, se las arreglaba para asistir a algunos cursos durante el día que ofrecían las iglesias locales de la ciudad. Como he mencionado, el tener dos semanas de atraso en las clases me mantenía muy ocupado poniéndome al día con los trabajos asignados, además del proceso de adaptarme a la vida de estudiante además de cuidar a mi familia. Todavía recuerdo que los dos primeros años académicos fueron los más duros. No sólo tenía que batallar con mis clases regulares, entregar los ensayos de tarea, tomar exámenes, y todo lo que implica ser un estudiante, sino que también tuve que hacer mis quehaceres del hogar y asegurarme que hubiera bienestar y tranquilidad en mi familia; todo esto en un entorno cultural completamente diferente al que estábamos acostumbrados.

Estábamos acostumbramos a vivir en la gran Caracas, Venezuela, donde llevábamos una vida activa y metropolitana; en contraste con la ciudad universitaria de Stillwater, una pequeña ciudad de Oklahoma. Nuestra vida profesional en Venezuela era totalmente distinta; Berta, mi esposa, estaba empleada en el Ministerio de Relaciones Exteriores como trabajadora social y yo empleado como profesor asistente de inglés como lengua extranjera de la Universidad Simón Bolívar. Había enseñado inglés como lengua extranjera al igual que inglés con propósitos específicos por más de diez años. Había decidido venir a estudiar a una pequeña ciudad universitaria porque pensé que teniendo un título avanzado iba a tener más oportunidades profesionales. Venir con una familia que no hablaba inglés a un país con una cultura totalmente diferente a la nuestra para obtener un título de doctorado fue un verdadero reto.

Mientras tanto, mi vida profesional en los Estados Unidos seguía desarrollándose. En el 2002, antes de graduarme, empecé a enseñar español en la iglesia Católica Saint John aquí en Stillwater, como un servicio a la comunidad. Pensé que podía hacer algo útil por algunos feligreses que estaban deseosos de hablar el idioma español. Las clases que impartía me fascinaban porque mis estudiantes eran estudiantes adultos que estaban muy interesados en el aprendizaje de la lengua y la cultura hispana. En mayo de 2003, terminé mis estudios de doctorado en educación en la Universidad Estatal de Oklahoma. Por lo tanto, ya era hora de volver a casa, a

Venezuela. El país estaba pasando por una gran agitación política y económica. En 2002, se hizo un golpe militar que atentó contra la vida del presidente Hugo Chávez. Este intento fracasó. En el año 2003, el gobierno venezolano inició los controles de las divisas extranjeras. Ahora el Banco Central de Venezuela era el responsable de la compra y venta de moneda extranjera. En mi caso, la cosa empezó a hacerse difícil el transferir dólares de Venezuela a los Estado Unidos debido a la nueva ley. Esto a su vez se tornó muy arduo para nosotros conseguir el dinero de Venezuela. Hoy día el control de cambio sigue siendo controlado por el gobierno. En consecuencia, los enfrentamientos políticos entre el presidente Chávez y los partidos de oposición en Venezuela, la necesidad de dinero de Venezuela y mi familia aquí contribuyó a que nos quedáramos un poco más de tiempo, por lo que pospusimos el viaje de regreso a Caracas, Venezuela.

Mientras tanto estaba esperando que sucediera un milagro. Así pasó, un día, la profesora de español, la Dra. Cida Chase tocó a la puerta de mi casa y me ofreció un puesto como profesor de español en la Universidad del Estado de Oklahoma. Ella había recibido mi currículo y sabía que yo estaba buscando un empleo y como el Departamento de Lenguas Extranjeras de la Universidad Estatal de Oklahoma estaba buscando un instructor, el jefe de departamento me concedió una entrevista. Inmediatamente después de que me entrevistaron, me ofrecieron el cargo, el cual acepté con mucho gusto. Cuando recibí la oferta me pareció que era el trabajo de mi ensueño, no sólo porque lo necesitaba como una fuente de ingresos, sino porque quería seguir haciendo lo que estaba calificado para hacer. Siempre he sido un apasionado de la enseñanza de lengua extranjera o segunda lengua.

Por supuesto, tomar la decisión de residir en los Estados Unidos nos llevó un cierto tiempo. Primordialmente por las razones que he explicado anteriormente. Nunca pensé que iba a ser difícil decidir no regresar a Caracas. Creo que si ninguna de estas cuestiones hubiese pasado, nuestra historia habría sido completamente diferente. Justo después de haber terminado mi formación práctica opcional, todos nosotros decidimos que necesitábamos vivir y trabajar en los Estados Unidos. En el 2004, me ofrecieron un puesto como profesor asistente de español en la Universidad Estatal del Noroeste de Oklahoma en Alva, Oklahoma. En ese entonces, fue una maravillosa oportunidad que no podía rechazar en lo absoluto. Sobre todo, ya que habíamos decidido vivir y trabajar aquí. Hoy en día, soy un profesor asociado de español en esta prestigiosa universidad.

Como profesor universitario, tras haber adquirido mucha experiencia en enseñanza de lenguas extranjeras en Venezuela y ahora en los Estados Unidos, me doy cuenta de que para llevar a cabo la enseñanza eficazmente tengo que desarrollar actividades o estrategias en el aula con el fin de ser un maestro exitoso. La experiencia también me ha enseñado a utilizar canciones y juegos didácticos en mis clases para ayudar a fomentar una actitud positiva en el aprendizaje de lenguas. Por lo tanto, para crear motivación, incorporo estas actividades con el propósito de tener mayor éxito. Además, me gusta la idea de solicitarles a mis alumnos sugerencias de qué manera les gustaría participar activamente y cómo me iría mejor en la enseñanza. Sorprendentemente, los estudiantes vienen con ideas interesantes y refrescantes. En el fondo, los más beneficiados son ellos, los estudiantes. Como educador, estoy en constante búsqueda de la excelencia académica. Por eso siempre estoy escudriñando ideas a fin de mejorar mi práctica docente. En esa búsqueda, encuentro el constructo polifacético que promueve el crecimiento, el desarrollo y la comprensión de la enseñanza. Este constructo se llama reflexión. Me gustaría destacar que a través de las lecturas, debates, casos de estudio de la Universidad Estatal de Oklahoma, he aprendido la importancia de ser un profesor reflexivo. Por lo tanto, recomiendo a todo profesor el establecimiento de una verdadera y sincera relación entre profesor-alumno pues mejorará nuestra práctica. Este dualismo en la enseñanza se ha convertido en mi objetivo cuando cumplo con las necesidades de mis alumnos. Lo llamo "Si hubiera sabido entonces lo que sé ahora, lo habría hecho de manera diferente". El concepto de la

reflexión me ha dado no sólo los recursos activos para mi peda-
gogía, sino también para considerar una cuidadosa autocrítica, con
un sentido de responsabilidad y respeto hacia los demás.

A Wise Decision

Francisco Martinez

My students, friends, neighbors, and other teachers keep asking me the following questions: What brought you to America? Why are you in Oklahoma? I have always answered those questions briefly. For that reason, I think it is about time to write in more detail how I ended up in Oklahoma and what brought me to live and work in this wonderful country, the United States of America. More importantly, how I became a Spanish Professor. Essentially, I let everyone know that I consider myself a "Cultural Ambassador of the Hispanic World." I will conclude this paper sharing with you some reflections about my life as a teacher and what strategies I use in my classrooms to become an effective teacher, and lastly, where I live and work now.

To begin this narrative, our journey to the United States began when I applied for a student Visa in 1999. I remember my family and I had to wait for more than a month to receive the I-20 from Oklahoma State University in Stillwater, Oklahoma. For some reason, the Department of International Students and Scholars took some time to issue the I-20 Immigration Form and to send it to Venezuela. At first, I was desperate. My family and I had packed and waited for that document while living at my sister-in-law's apartment because we had already rented ours out in Caracas, Venezuela. At that point, we felt like we would never get it. We waited for almost two months. When we finally received it, I went to the Embassy of the United States in Caracas and got my F1 Visa together with three F2 visas, my wife Berta's and two children's, Gidbert and Francis. On August 27th, 1999, we arrived in Oklahoma. Everybody felt happy because we were finally here: I had been accepted as a graduate student to complete my doctorate in education at Oklahoma State University. By the time I arrived, my classes had already started. I was stressed out. I needed to catch up with the course. Before coming to the US, I had met with the Oklahoma State University Department of Education faculty in 1998. The Simon Bolivar University, in Caracas, Venezuela where I was working wanted to sign an academic agreement between OSU and Simon Bolivar University.

My older brother Pedro, who was a doctoral student at OSU, had completed all his coursework and was working on his dissertation. Since he knew the professors and the program, he had recommended it to me. That's why my wife and I together with our two children came to start a new life as a graduate student. In 1997, I had completed my Master's degree at Simon Rodriguez University in Caracas and I was really excited to be a doctoral student.

It was not easy to adapt to our new life. When we came here, my wife and children did not speak English at all. Gidbert, my stepson, enrolled as freshman in Stillwater High School. He was going to begin his sophomore year. Francis, my daughter, enrolled in 5th grade at Westwood Elementary School. Fortunately, the schools where my kids had enrolled offered great English as a Second Language Programs (ESL). After a few months, my children could communicate with teachers and friends in English. At the beginning, it was hard for them to make friends at school due to their limited English knowledge. However, their life changed when their new friends could come home and play with them. My wife attended night ESL courses at Stillwater High School. In the same vein, she managed to attend day courses offered by local churches in town. Since my studies started two weeks after the first day of classes in the fall of 99, I was really busy catching up with my schoolwork, settling in, and taking care of my family. I still recall how the first two academic years were the hardest since our arrival. Not only did I have to deal with my regular classes, turning in papers, taking exams, and all that being a student implies, but I also had to do my share of the household chores and take care of my family in a completely different cultural environment.

As I said earlier, we used to live in Caracas, Venezuela, the largest metropolitan city in the country. Now we were living in the small city of Stillwater, Oklahoma. Our former professional life as well was a total contrast with our new one. Berta, my wife, was working at the Ministry of External Relations as a Social Worker and I was an Assistant Professor of English as a Foreign Language at Simon Bolivar University. I had taught English as a Foreign Language and English for Special Purposes for more than ten years. I had decided to come and study in a small college town because I thought that having an advanced degree was going to give me better professional opportunities. To come here, with a family that did not speak English, into a totally non-Spanish speaking country; with a different culture, in order to earn a doctoral degree, was a real challenge.

Meanwhile, my professional experiences in the USA started to develop. In 2002, before I graduated, I began teaching Spanish at Saint John Parish Church here in Stillwater, as a community service. I thought I could do something helpful for some fellow parishioners who were eager to speak the language. The classes I taught were fascinating to me because my students were all adult learners who were really interested in learning the Spanish language and culture. In May 2003, I completed my Doctor of Education Degree in Applied Educational Studies at Oklahoma State University. Therefore, it was time to go back home to Venezuela. However, the country was going through a political and economic upheaval. In 2002, there was a military coup d'état attempt against President Hugo Chavez. This attempt failed. In 2003, the Venezuelan government initiated the Foreign Exchange Control. Now the Venezuelan Central Bank was responsible for the purchase and sale of foreign currency. In my case it became difficult to transfer dollars out of Venezuela because of the new law. Therefore, it became difficult for us to get money from Venezuela. Today it is still controlled by the government. As a consequence, the political confrontations between President Chavez and the opposing parties in Venezuela, the lack of money from Venezuela, and my having my family here, influence our decision to remain in the USA for a little longer. We postponed our return trip to Caracas.

While waiting for a miracle to happen, Dr. Cida Chase, one of the Spanish professors at OSU, knocked on my door and offered me a position as "Lecturer of Spanish" at Oklahoma State University. Dr. Chase had received my Curriculum Vitae and knew that I was looking for a job. The Department of Foreign Languages at Oklahoma State University was in need of an instructor. She told me about the job. She had already spoken to the Department Chair and set up an interview. Right after they interviewed me, they offered me the position,which I accepted. When I received the offer, I thought this was my dream job not just because I needed it as a source of income, but because I wanted to continue doing what I am best qualified to do. I have always been passionate about teaching a foreign or second language.

Of course, making the decision to stay in the United States took us a while, mainly for the reasons I explained before. I never thought it was going to be difficult to decide not to go back to Venezuela. I think that if none of these issues had ever happened, our story would have been completely different. Right after I completed my optional practical training, we all decided we needed to live and work in America. In 2004, I was offered a position as an Assistant Professor of Spanish at Northwestern Oklahoma State University in Alva, Oklahoma. At that point, it was a wonderful opportunity that I could not refuse, especially since we have decided to live and work here. Today, I am an Associate Professor of Spanish at this prestigious University.

As a college professor, with a lot of experience teaching foreign languages in higher education institutions, first in Venezuela and now in the United States, I realize that I need to create and develop special class activities in in order to be a very effective teacher. My teaching experience and background has also taught me to use songs and games in my classes to help foster a positive attitude about the target language. Therefore, to increase motivation, I incorporate these activities to achieve my educational objectives successfully. Besides, I like the idea of asking my students for their input on better ways to present these activities so they would be enthusiastically engaged in how I could improve my teaching. Amazingly, the students have come up with interesting and refreshing ideas. In turn, they are the ones who have most benefited. As educator, I am in constant pursuit of excellence. That is why I am always seeking ideas to enhance my teaching practices. In that quest, I just happened to encounter the multifaceted construct that promotes growth, development and understanding of teaching. This construct is called reflection. I would like to highlight that through the readings, discussions and case studies at Oklahoma State University, I have learned the importance of being a reflective teacher. Thus, I have learned that establishing a true, sincere teacher-student relationship will enhance our practice. This dualism in teaching has become my aim when meeting my students' needs. I call it "If I knew then what I know now, I would have done it differently". The practice of reflection has provided me not only with active resources for pedagogical thoughtfulness, but also with the opportunity to carefully consider a self-critical openness, to have a sense of responsibility and to be tactful.

Migración y exilio

Aída Cragnolino

A Gustavo y a mí jamás se nos había ocurrido emigrar y menos que nada a los Estados Unidos de Norteamérica. Éramos felices en la Argentina, donde nos conocimos, nos casamos y tuvimos dos hermosos hijos. Éramos una familia de clase media que nunca tuvo el anhelo de hacerse rica o de tener una casa de lujo. Nuestras vacaciones se limitaban a pasar unos días en alguna playa cercana a Buenos Aires o en las sierras de Córdoba.

Siempre estuvimos interesados en los avatares de la política del país y a pesar de la inestabilidad económica y los frecuentes golpes de estado militares, sobrevivíamos bien. Yo soy abogada, Gustavo tenía un doctorado en química y entre los dos lográbamos sumar una entrada aceptable dada nuestra manera de percibir la vida. Nos queríamos mucho y teníamos buenos amigos, interesados como nosotros en las alternativas de la política nacional e internacional, en las novedades del cine, la literatura y el teatro. Vivíamos en Buenos Aires que era y es, desde la caída del gobierno militar en 1983, una ciudad excepcional, de una riquísima vida cultural muy al día de lo que sucedía en los Estados Unidos y Europa. Por ésa época los países latinoamericanos estaban comunicados entre sí en el terreno de la literatura y las artes y gozamos mucho de la literatura argentina y latinoamericana, que se estaba imponiendo en el mercado mundial.

Alrededor del año 1972 empezaron a producirse en la Argentina enfrentamientos políticos que alcanzaron un estado de turbulencia que no habíamos experimentado en los años anteriores. Sería muy largo y difícil explicar en qué consistían las pugnas que comenzaron a ensangrentar al país.

En 1973 hubo un golpe militar en Chile que desplegó un proceso de brutal represión. El presidente Allende, elegido en elecciones legales y democráticas fue asesinado defendiendo la sede del gobierno chileno. Percibíamos su gobierno como el modelo de una posibilidad de superar con democracia los problemas de la pobreza y la injusticia social de nuestros países. Su caída ensombreció nuestra visión, extremadamente optimista quizás, de un posible porvenir de nuestros países.

En el terreno de nuestra vida personal un hecho importante marcó nuestro futuro: la Argentina le compró un reactor nuclear a Canadá y Gustavo y otros profesionales de la Comisión de Energía Atómica Argentina fueron enviados a ese país del norte para entrenarse en la tecnología relacionada con el reactor. Nosotros llegamos a Toronto el 7 de enero de 1976, de donde nos llevaron a un pequeño pueblo llamado Deep River, cercano a Chalk River que era la sede de Atomic Energy Canada.

Conocimos a los argentinos que habían sido enviados en la misma misión que Gustavo y a varios canadienses que nos recibieron de maravillas, con los que pudimos conversar y compartir muchos de los temas que siempre nos habían interesado.

A pesar de que ya hacía varios años que la violencia asolaba al país, el 24 de marzo de 1976 se produjo una debacle. Hubo un golpe de estado militar en la Argentina que no sólo se proponía reemplazar el gobierno constitucional sino de acabar con todo atisbo de una cultura democrática y progresista. Tal como había sucedido en Chile, el gobierno militar inició una represión sangrienta.

Le enviaron un telegrama a Gustavo, ordenándole "su regreso inmediato al país" y nos hicieron llegar además pasajes para toda la familia. Mi padre y una de las compañeras de trabajo de Gustavo nos llamaron por teléfono tres días después del golpe. Nos dijeron que se había desatado una ola de terror nunca antes experimentada y que no se nos ocurriera volver. Por supuesto que pensábamos hacerlo porque era evidente que las intenciones de los militares eran amenazantes. Al perder el nombramiento de la Argentina perdimos también la visa que nos permitía trabajar temporalmente en Canadá y el sueldo que recibíamos de la Argentina.

Fue entonces que emigramos a los Estados Unidos. Allí Gustavo consiguió un puesto en un instituto de investigación de The Ohio State University. Dos años después inicié una segunda carrera, un doctorado en literatura latinoamericana, que me fascinó.

Las impresiones de la llegada a Columbus, Ohio fueron desalentadoras. La ciudad no era ni una ciudad ni ninguna otra cosa identificable con lo que en mi cultura podía ser una ciudad o un pequeño pueblo. Recorrimos calle tras calle con enormes casas, y lo que a mí me pareció, muchísimas gasolineras. Toda la ciudad daba una extraña sensación de soledad y vacío. No se veía un alma caminando, ni siquiera niños jugando en esos magníficos jardines. En realidad, no había por donde caminar ya que las veredas eran inexistentes. Después aprendí que las compras, los paseos, las visitas, se hacían en auto ya que tampoco había medios de transporte público. Cuando conocí la universidad decidí que lo único interesante en Columbus era el campus, sus calles llenas de estudiantes, sus bonitos edificios y un clima general de bastante energía, al iniciar mi maestría y mi doctorado conocimos a personas interesantes y a muchos latinoamericanos.

En mi país, muchos estudiantes universitarios de mi época se interesaban en Latinoamérica, dejando de lado las banalidades típicas de una especie de generalización sobre las características de cada país. Para nosotros conocer a toda esta gente en Columbus fue una experiencia importante y muy enriquecedora. Este sentimiento concordaba con lo que se hizo carne en mí durante mis estudios en la Facultad de Derecho de la Universidad de Buenos Aires. La galería en la cual estaba el centro universitario de la facultad de derecho se llamaba *El Quetzal*. El quetzal es un pájaro de Centroamérica, ya casi desaparecido, que no puede vivir en cautiverio. Aunque es un símbolo de la necesidad de libertad, me pareció siempre símbolo de una vocación "latinoamericanista" de los estudiantes con los que me asociaba.

Recuerdo con gran cariño a los Rojo: Grinor, mi maestro, mi profesor y director de mi tesis doctoral y a su esposa Valentina, artista plástica, ceramista y una persona muy creadora. Ambos tenían además un gran sentido encantador del humor y muy rápidamente nos hicimos grandes amigos. También recuerdo siempre y echo de menos a una pareja de colombianos, con los que compartíamos ideas y diversión, Teresa y Pedro, a los cuales perdí de vista, por culpa mía, en momentos difíciles. Los americanos, aunque más distantes, siempre nos trataron con cariño y respeto y muchos de ellos nos demostraron que estaban dispuestos a ayudarnos con el idioma y con todo lo que podíamos necesitar para instalarnos y para hacer nuestra vida más vivible. Aunque nunca en todos estos años nos adaptamos del todo, la vida sí se nos hizo más llevadera. Todo se veía sin embargo ensombrecido por las trágicas noticias que venían de la Argentina: las desapariciones de personas, los asesinatos, las torturas y podíamos compartir con Grinor y Valentina nuestras mutuas preocupaciones.

Éramos conscientes de ser privilegiados, no sólo porque habíamos salvado la vida al encontrarnos en el momento del golpe militar en Canadá, sino también porque Gustavo consiguió trabajo y yo pude comenzar una nueva carrera apasionante que solventé con el nombramiento de instructora de español en la misma universidad.

Después de la caída de los militares intentamos volver a la Argentina pero la vuelta resultó, por distintas razones, dificultosa. Volvimos a Estados Unidos y terminamos aterrizando en Texas. La vuelta fue fructífera profesionalmente para mi marido y para mí. En lo demás fue y sigue siendo frustrante.

La muerte de mi marido en el 2009 a los 69 años, ensombreció para siempre mi vida. Nos habíamos jubilado los dos y teníamos planes de disfrutar los años de vida que nos quedaban. Tengo dos hijos, sus cónyuges, que también considero hijos, y cinco nietos que viven en otros lugares de EE.UU. Mis hijos y mis nietos son lo que sustentan, a pesar de la distancia geográfica que nos separa, mis (pocas) ganas de vivir; y si no fuera por ellos quizás volvería, como dice el tango, a "mi Buenos Aires querido".

Migration and Exile

Aída Cragnolino

It had never occurred to Gustavo and me to migrate... and least of all to the United States of North America. We were happy in Argentina where we had met, we had gotten married and we had had two beautiful children.

We were a middle class family that never had the desire to become rich, to have a luxurious house, not even to travel, except for summer vacations to some beach near Buenos Aires or to the Córdoba mountain range.

We were always interested in the country's politics, and regardless of the economic instability and the frequent military coups, we survived well. I was a lawyer and Gustavo had a doctorate in chemistry, so between the two of us we were managing quite well, according to the criteria of the time, and of the way we perceived the world. We loved each other and we had a good circle of friends, who like us, were interested in national and international political alternatives. Together we enjoyed films, literature and theater. Buenos Aires, where we lived, was and is since the collapse of the military government in 1983, an exceptional city with an extremely rich cultural life. We kept abreast with what was happening in the United States and Europe. At that time the majority of Latin American countries were closely related via literature and the arts, and we enjoyed reading Argentinean and Latin American literature, which was asserting itself in the world market.

Around 1972, political confrontations started and reached a turbulent state that we had not experienced in previous years. It would be too long and difficult to explain the struggles that bloodied the country.

Déjame que te cuente...

In 1973, there was a military coup in Chile that caused a process of brutal suppression. President Allende, who was elected in legal and democratic elections, was assassinated while defending the headquarters of the Chilean government.

We saw Allende's government as a model of a possibility for overcoming, with a true democracy, the problems of poverty and injustice in our countries. The fall of the government darkened our extremely optimistic view of the approaching future for us.

In our personal life there was a fact that marked our future: Argentina bought a nuclear reactor from Canada. Due to this purchase, Gustavo and other professionals from the Argentinian Commission of Atomic Energy were sent to Canada to be trained in the technology related with the nuclear reactor. We arrived at Toronto on January 7, 1976, where we were taken to a small town called Deep River near Chalk River, the headquarters of the Canadian Atomic Energy.

We met, in addition to the Argentinian couples that had been sent on the same mission with Gustavo, various charming Canadians who welcomed us with warmth and care.

Despite the violence that had plagued the country for years, on March 24, 1976, there was a debacle. There was a military coup in Argentina that not only intended to replace the constitutional government but also end any hint of the existing democratic and progressive culture. Just like it had happened in Chile, the military government began a bloody suppression.

Gustavo received a telegram ordering him to return immediately to the country and they sent airplane tickets for the four of us, our children and us. My father and one of Gustavo's coworkers called us three days after the coup. They told us that a wave of terror never before experienced had been unleashed and that we dared not return. Of course it never had occurred to us to do so since evidently the military intentions were threatening. When we lost the Argentinean support, we lost the visa that allowed us to work temporarily in Canada and the salary that we received from Argentina.

It was then that we immigrated to the United States. Here Gustavo obtained a job at Ohio State University research institute. Two years later I began a second career: a doctorate in Latin American Literature. I found it fascinating.

Our impression upon arriving to Columbus, Ohio was grim. The city was not like any city or even any small town that in our culture could be defined as such. We wandered through street after street lined with enormous houses and, in my opinion, too many gas stations. The entire city gave a strange feeling of loneliness and emptiness. Not one soul could be seen walking the streets or one child playing in those magnificent gardens. Actually, there was no place to walk since sidewalks were nonexistent. Later, I learned that shopping, outings, visits and all social life was done via automobile since there was no means of public transportation.

When I visited the university, I decided that the only interesting thing in Columbus was the campus: its streets filled with students, its pretty buildings and a general atmosphere of energy. As I began my master's and my doctorate, we met interesting people and many Latin Americans.

In Argentina, many college students my age were interested in Latin America, ignoring the usual small talk of generalization about the characteristics of each country. Getting to know all those people in Columbus, Ohio was for us a very important and enriching experience. This sentiment was consistent with what I experienced firsthand during my studies at the School of Law at the University of Buenos Aires. The Law Department building of the university with which I identified was named *El Quetzal.* The quetzal is a bird of Central America, now almost extinct; it cannot live in captivity. Although it is a symbol for the need for freedom, it always seemed to me like a symbol of a shared "Latin American" calling.

Among the people I met in Ohio, I recall the Rojos with great affection: Grinor, my teacher, my professor, my dissertation supervisor and his wife Valentina, an artist who worked with plastic and ceramics, and a very creative person. Both had a delightful sense of humor and we very quickly became great friends. Also, I will always remember and miss a Colombian couple with whom we shared ideas and fun, Teresa and Pedro; we lost contact with them due to difficult times. The Americans, though more distant, always treated us with affection and respect; many of them showed us that they were willing to help us with the language and with everything we needed in order for us to settle in and make our life more livable.

Although never in those years did we entirely adapt, we were able to get along a little better. However, everything was in the dark shadow of the tragic news coming from Argentina – the people disappearing, murders, torture; we share our mutual worries with Grinor and Valentina.

We knew how privileged we were, not only because our lives were spared since we were in Canada at the time of the military coup, but also because Gustavo obtained a job and I was able to start a new and rewarding career as a Spanish instructor at the same university.

After the fall of the militants, we tried to return to Argentina but for various reasons it was impossible. We returned to the United States and ended up in Texas. The return was fruitful professionally for my husband and for me. In everything else it was and continues to be a struggle.

The death of my husband in 2009 at age 69 casted a permanent dark shadow on my life. We both had retired and had plans to enjoy the rest of our years together.

I have two children, their spouses –whom I also consider our children, and five grandchildren who live in different parts of the United States. It is they, regardless of the geographic distance separating us, who nourish my (little) desire to live. If it weren't for them, I would return as the tango says, to "my beloved Buenos Aires."

Recuerdos

Ana Patricia Chmielewski

Entre los mejores recuerdos que tengo de mi tierra natal, El Salvador, y de mis años de adolescente están las experiencias que pasé con una de mis tías favoritas, mi tía Consuelo. Ella era la hermana mayor de mi papá. Su nombre completo era Consuelo Isabel Arévalo Salguero. Nació en San Pedro Nonualco, pero vivió la mayor parte de su vida en San Salvador, la capital.

Lo que hace que esos recuerdos sean tan lindos para mí, así como las flores en la primavera o como una linda melodía, es que junto a ella siempre me sentía muy especial.

En esos días mi rutina consistía en asistir al colegio, estudiar y hacer mis deberes. Ese era mi enfoque: sobresalir en todas las materias y recibir reconocimiento al final de cada trimestre escolar. Al salir de clases a la 1:00 de la tarde tenía tiempo para hacer otras actividades. Entonces, cuando mi tía Consuelo preguntaba si podía acompañarla a hacer alguna actividad, yo... encantada.

Mi papá, contador de profesión, fue por muchos años Gerente General del Banco Capitalizador y mi mamá fue Supervisora del Departamento de Ahorros del mismo banco en la oficina central de San Salvador. Estos puestos demandaban mucho tiempo y trabajo. Por esta razón mis padres contrataban a dos muchachas, una cuidaba a los niños y la otra muchacha cocinaba y se encargaba de mantener la casa en orden.

Mi papá tocaba la guitarra. Su habilidad era excepcional. Mi papá tocó la guitarra desde que los ocho años, tenía "un oído" increíble para la música. Publicó el primer volumen de sus lecciones de guitarra pero no completó el segundo ya que falleció el 9 de julio de 2009. Gracias a él aprendí a tocar algunas melodías de mi época de adolescente. Mi mamá fue campeona de baloncesto. Comenzó a jugar basquetbol en su ciudad natal, San Miguel, El Salvador desde que tenía trece años. Mi mamá era tan buena deportista que le llamaban "gacela" por lo rápido que corría. Era popular por la exactitud con que lanzaba la pelota cayendo precisamente en la canasta. Siempre era emocionante verla jugar y anotar para su equipo. Tengo una colección de siete de las medallas que recibió durante los juegos Centroamericanos y del Caribe y de otros campeonatos. Actualmente reside en San Salvador y en Texas.

Éramos cinco hijos. Mis dos hermanas mayores asistían al Colegio María Auxiliadora, y lo llamo "colegio" porque en El Salvador una institución de enseñanza privada se conoce como "colegio." Yo asistía al Colegio Guadalupano. Mis otros dos hermanos son cinco y siete años menores que yo. Por eso, a mí me encantaba pasar tiempo con mi tía Consuelo.

Tía Consuelo viajaba a México frecuentemente porque tenía un negocio de importación. Ella manejaba una *boutique* privada en casa de mi abuelita. La *boutique* tenía joyas, ropa, zapatos, cinturones… los cuales vendía a sus amigos, a los amigos de sus amigos y a la familia.

Tía Consuelo era esbelta, activa y simpática. Medía aproximadamente cinco pies y tres pulgadas de estatura. Nunca la vi llevar pantalones. Siempre llevaba vestido y se adornaba con bonitos collares y aretes. Su pelo castaño lucía siempre arreglado. Le gustaba maquillarse y su comportamiento era calmado pero activo a la vez.

Normalmente, tía Consuelo visitaba a mi familia. Llegaba a nuestra casa, lo que a mí me gustaba mucho porque regularmente me hacía alguna invitación; ya sea de ir a su casa y aprender a hacer algún postre o de acompañarla a alguna actividad social. Me escogía a mí porque ella sabía que siempre estaba dispuesta a pasar tiempo con ella.

Ella vivía a unas cuadras de nuestra casa en San Salvador y

siempre caminaba en vez de tomar un taxi o el autobús. Recuerdo que cuando visité a mis padres en el año 1998, tía Consuelo tenía 77 años y la vi tan bien. Cuando se lo dije, me respondió levantándose un poco el vestido, "¿ves estas piernas? Todavía están fuertes de tanto caminar."

Tía Consuelo nunca se casó. Vivía con mi abuelita paterna, -abuelita Chave, y su hermano menor, mi tío Roberto. Algunas veces viajaban a México juntos. Además a ella le encantaba cocinar, tal vez porque lo hacía tan bien.

La *boutique* era bonita y estaba muy bien organizada. Convenientemente localizada en una habitación junto a la sala. A veces llegaban sus amigas mientras yo estaba de visita y me presentaba. Me encantaba ver cómo se comunicaba con sus amistades, además de tener la oportunidad de admirar la mercancía.

Tía Consuelo viajaba a México cada mes en busca de productos que no fueran comunes en nuestro país y de buena calidad. Por eso tenía buena clientela.

Una ocasión, que recuerdo con mucho cariño, fue el día que aprendí a hacer torrejas. Las torrejas son un postre sabroso popular en el tiempo de Cuaresma y durante todo el año. Son rebanadas de torta de yema de una pulgada de grosor y unas cuatro o cinco pulgadas de largo. A estas porciones de pan se les agrega vainilla, se envuelven en claras de huevo batidas y se fríen. Luego se sumergen y se cocinan a fuego lento por diez minutos en una miel hecha de agua, dulce de atado y canela en raja. ¡Qué fragancia y qué sabor! ¡Inolvidable!

También me invitaba a disfrutar de sus eventos sociales. Entre otros, asistí a algunas despedidas de soltera y a la bienvenida de algún futuro bebé. Estos eventos se conocen como "tés" en El Salvador. Un "té" es una reunión formal de amistades en un local especial para banquetes. Los meseros sirven los aperitivos y las bebidas primero, después de un tiempo, sirven el plato principal y al final sirven el postre. Es una celebración muy placentera.

Tía Consuelo era una mujer ejemplar. La recuerdo con mucho cariño por su comportamiento, su manera de tratar a las personas, su apariencia y especialmente su manera de tratarme a mí. Fue una mujer muy inteligente y capaz de manejar un negocio exitoso. Le encantaba escuchar música de mariachi y valses. Así conocí la música de Alberto Vázquez, Vicente Fernández, Alejandro Fernández, y otros cantantes y compositores mexicanos famosos.

Durante mi vida en los Estados Unidos he visitado a mis padres en El Salvador muchas veces y en esos viajes tuve la oportunidad de pasar tiempo con mi tía Consuelo. Recuerdo que en 1998 cuando mi esposo viajó a El Salvador por primera vez, mi tía Consuelo le envió, con la muchacha, unas naranjas tan grandes que yo jamás había visto algo así. También nos envió yuca y otros platillos que ella cocinaba. Para ese entonces abuelita Chave ya había fallecido y tía Consuelo y tío Roberto se habían mudado a una casa más cerca de mis padres.

El 26 de septiembre de 2003 mis padres llevaron a mi tía a disfrutar de un helado como ella lo deseaba. Por la noche recibieron una llamada de mi tía Margot con la noticia de que tía Consuelo había fallecido. Fue un día indescriptiblemente triste para mí.

Sin embargo, es lindo saber que su espíritu se regocija en la Gloria; y que esos lindos recuerdos quedarán en mi corazón para siempre.

"Tía Consuelo: fue lindo conocerte en vida. Gracias por el tiempo que me dedicaste."

Memories

Ana Patricia Chmielewski

Among my favorite childhood recollections, while growing up in my native El Salvador, are memories I have of one of my favorite aunts, *Tía* Consuelo. Her full name was Consuelo Isabel Arévalo Salguero. She was my father's oldest sister.

Tía Consuelo was born in San Pedro Nonualco, but she lived most of her life in San Salvador, the capital of El Salvador. What keeps these memories in my heart, just like fragrant flowers in spring or like a sweet melody, was the way she made me feel special when I was with her.

In those days, my routine consisted of attending a private school, studying, and doing my chores. That was my focus: to excel in all school subjects and be recognized at the end of each school trimester. But, since the school day ended at 1:00 p.m., I had time for other activities. Thus, when my *Tía* Consuelo asked if I could accompany her, I jumped at the chance for a change of pace… and some fun. I was delighted to be with her.

My dad, an accountant, was the General Manager of *Banco Capitalizador*, and my mom was the Bank Supervisor for the savings department of the same bank in the Central Office, in downtown San Salvador. My parents worked long hours, so they hired two maids to babysit, cook and clean house.

My father played the guitar. His ability was exceptional. My father played the guitar since age eight and had an incredible ear for music. He published the first volume of his guitar lessons but didn't finish the second one since he passed away on July 9, 2009. Thanks to him, I learned to play some melodies during my teen years. My mother was a basketball star. She started playing basketball in her hometown, San Miguel, El Salvador at age thirteen. My mom was such a good athlete that they called her "the Gazelle" for how fast she ran. She was popular for the accuracy with which she shot the ball, pure net. It was always exciting seeing her play and score for her team. I have a collection of seven of the medals that she won in the Central American and Caribbean Games and other championships. She currently resides in San Salvador and Texas.

There were five of us children: my older sisters, myself, and my younger brother and sister who were five and seven years younger. I was the middle child. My older sisters attended the "Colegio María Auxiliadora." I attended the "Colegio Guadalupano." In El Salvador, a private institution of education is known as a colegio.

Whenever my Tía Consuelo invited me to join her, I was ready. She managed a private boutique that she ran out of a room in my Grandmother's house. Tía Consuelo traveled to Mexico to purchase clothes, shoes, jewelry, belts and other high-end accessory items that were not common in San Salvador. She sold this merchandise to friends, friends of friends, relatives and family.

Tía Consuelo was pleasant, charming and sophisticated. She stood about 5 feet three inches tall. I never saw Tía Consuelo wear pants. She was calm, yet active. Dignified but warm and friendly, she was also well-spoken and knowledgeable. She always wore perfect make-up and her hair was always fixed.

Tía Consuelo visited our family often. Grandma's house was only a few blocks away. Tía Consuelo usually invited me to go back with her to Grandma's house to make a dessert or to accompany her to a social event. Tía Consuelo chose me because she knew I always wanted to go with her; she could count on me to be her faithful companion and she loved to cook, perhaps because she did it so well.

She always walked instead of taking the taxi or the bus; she attributed walking as the source of her excellent health. When

I visited El Salvador in 1998, I said to Tía Consuelo that she looked very well. In reply, Tía Consuelo lifted her dress and patted herself on the thigh above the knee. "See these legs, they are still strong from walking," she said.

She never married and lived with my paternal grandmother, Abuelita Chave, and her youngest brother, Tío Roberto. Sometimes Tía Consuelo and Tío Roberto traveled to Mexico together because he also enjoyed the import business.

The boutique was pretty and well organized. The store was in a room adjacent to the living room. Sometimes, when customers arrived, Tía Consuelo introduced me to her customers. I was fascinated to meet so many new people. I loved to watch her interact with her friends, in addition to examining the merchandise for myself.

Tía Consuelo made monthly trips to Mexico to find unusual or uncommon merchandise of good quality that could not be found in our country. That's how she maintained a high-volume clientele. Of course, Mexico isn't that far from El Salvador, so it was an easy trip for her.

One of my fondest memories was the occasion when Tía Consuelo taught me to make "torrejas." Torrejas are a popular dessert eaten during the Lent Season (*Cuaresma*) and throughout the entire year. They are thick slices (about an inch thick) of *Torta de Yema* (special egg yolk bread). You add vanilla to these slices, dip these into a whipped egg white batter, and fry them. Once cooked, these slices (now similar to French toast) are submerged in syrup made of molasses, water and cinnamon sticks and simmered for ten minutes. The aroma is amazing. The taste is unforgettable!

Tía Consuelo also invited me to enjoy social events such as baby and bridal showers. These events are known as "tés" in El Salvador. A "té" is a formal gathering of friends in a special banquet hall. The waiters, not the hostess, first serve appetizers, then the main dish and finally dessert.

Tía Consuelo also invited me to "tés" for birthdays. This is usually "women's stuff." I don't remember men having a té or seeing even one man attending one. A té is a pleasant celebration.

She was an exemplary woman. I remember her with deep love and care. I recall her manners and gentle demeanor. I can remember how she treated others, and especially how she treated me.

She was also an intelligent woman, full of joy and vitality. She loved to listen to mariachi music and to waltzes. At her side, I listened to Alberto Vazquez, Vicente Fernandez, Alejandro Fernandez and other famous Mexican composers and singers.

She made me feel grown up and important during my preteen and early teenage years when I was discovering who I was… and what I wanted to become in life. That is what Tía Consuelo did for me. You could say that Tía Consuelo served as my role model. I missed her when I moved to the United States after high school.

During my time in the United States, I had the opportunity to visit my parents in El Salvador, and during those trips I had time to visit her. I remember in 1998, when my husband traveled to El Salvador for the first time, my Tía Consuelo sent the biggest oranges that I have ever seen… along with yucca and other dishes that she cooked. She was 77 and still cooking. She looked good for that age. By this time, my Grandma Chave had passed away, and my Tía Consuelo and my Tío Roberto had moved to a house closer to my parents' house.

On September 26, 2003, Tía Consuelo called my parents to take her to eat ice cream. Later in the evening, my parents received a call from my Tía Margot informing them that Tía Consuelo had passed away.

That was an indescribably sad day for me, yet I still hold the sweetest of memories of my Tía Consuelo. These memories will never die, but will remain in my heart forever.

"Tía Consuelo, thank you for the memories you gave to me. It was beautiful to have known you."

Cuando una palabra no alcanza a decirlo

Nadine Patton

A Mariela Patton, de su hija.

La palabra "admiración" puede ser algo rara.

Implica el tener una alta estima y gran aprobación, pero a veces creo que no es apropiada o simplemente es limitada. Cuando digo que admiro a mi mamá, Mariela Muñoz Patton, esta palabra no puede contener en sí el impacto, la emoción, el aprecio y el enorme respeto que tengo por ella. Ella me ha inspirado en forma personal, profesional y espiritual más que nadie en mi vida; es en sí una turbina de fuerza y me ha enseñado que debemos moldear al mundo que nos rodea de la mejor forma posible para poder lograr nuestros sueños.

¿Qué es lo que ha hecho exactamente?

Nada fácil. Vino a los Estados Unidos dejando su carrera de arquitectura en Panamá. A pesar de esto, contra toda corriente, consiguió trabajar a tiempo completo a la vez que estudiaba también a tiempo completo y criaba a sus dos hijas y a su nieto y todo en una segunda lengua, ajena a sí misma. "…*y cuando abrí las cortinas del hotel me puse a llorar*". Fueron las palabras de mi madre al describirme su llegada a Lawton, Oklahoma hace treinta años. Me dijo que cuando llegó a Lawton era muy entrada la madrugada, todo silencioso y oscuro. Pensó que estaban en las afueras de la ciudad. En la mañana cuando abrió las ventanas del hotel, vio lo seco y despoblado que le rodeaba y se dio cuenta de que estaba en el centro de la ciudad, se sintió tan triste que se puso a llorar ¡Qué contraste con el verdor y la vegetación de su tierra! Bueno, eso fue hace treinta años. Desde entonces se ha adaptado poco a poco a este lugar, al que ella llamaba "el lugar de los arbustos". Mi madre comenzó como ama de casa y por medio del ejército americano continuó sus estudios de inglés. Las demandas de la vida militar de su esposo causó estragos en su matrimonio de tal manera que lo destruyó. Como lo mencioné, la única familia que tenía aquí éramos mi hermana, su nieto y yo. Para mantenernos tomó dos trabajos parciales, uno como asistente de maestra y el otro como coordinadora de actividades para antes y después de las clases. A sugerencia de muchas maestras, se matriculó en la universidad y cuatro años más tarde se graduó Suma Cum Laude con una Maestría en Enseñanza con especialización en Lenguas Romances. Lejos están las mañanas de invierno en que mi madre tenía que caminar para ir a su trabajo; lejos están las largas horas de estudio que hacía, después de atenderme a mí y a mi sobrino. Pero muy cerca de su corazón están todas las hermosas amistades que han florecido durante todos estos años en esta región árida de Oklahoma, "el lugar de los arbustos" quienes le han ofrecido su apoyo. Así que después de treinta años cuando abre las ventanas de su casa, ella ya no ve arbustos, sino amigas, más que amigas, hermanas del alma con las que Dios la ha bendecido.

La palabra admiración no es suficiente, no lo es cuando me encuentro pasmada de sus acciones, de su fortaleza interior y de su perseverancia; no lo es cuando me continúa enseñando lo que es la verdadera determinación; no lo es cuando me sigue dando ejemplo de lo que es sobrepasar todo obstáculo que se le presenta.

Es alguien a quien he tratado de imitar toda mi vida. Además de ser bellísima, tiene un gran sentido del humor, gracia y estilo muy personal. Es brillante con un gran carisma y un vigor interior que me ha sostenido y me ha hecho fuerte a mí.

La *admiro* más de lo que ella se pueda imaginar, más de lo que las palabras puedan decir y atesoro la intimidad que tenemos y la amistad que compartimos. Siempre he sentido, desde que era muy joven, que tenemos una relación excepcional basada en un respeto mutuo. Estoy tan agradecida de que siempre me haya tratado como a una persona inteligente y madura, como si fuera un adulto en vez de tratarme como a una chiquilla ignorante; a eso se debe que yo sea la mujer que soy ahora. Espero que se sienta orgullosa de mí por lo que he sido, lo que soy y lo que seré en las nuevas etapas de mi vida, al convertirme en la persona que me ha ayudado a ser.

Como madre e hija, no siempre hemos estado de acuerdo en todo e inevitablemente ha habido ocasiones en las que no hemos compartido las mismas ideas. Pero, ahora como adulta, la aprecio más que nunca. La palabra "admiración" no puede ser el vocablo correcto para medir lo que siento por alguien que es tan paciente, tan generosa, tan elegante, tan encantadora y una gran modelo para mí

Cuando se me pregunta ¿Admiras a tu mamá? Sólo acierto a contestar: "Hasta cierto punto".

When A Word is not Enough

Nadine Patton

For Mariela Patton, from her daughter.

The term "admiration" can be a strange one.

It suggests a high opinion and warm approval, but I often find it lacking. When I say that I admire my mother, Mariela Muñoz Patton, the word does not hold the awe, the esteem, the wonder, and the great regard I hold for her. She has inspired me personally, professionally, and spiritually more than anyone else in my life. She is a force unto herself and she has taught me that you must shape the world around you as best as you can to achieve your dreams.

But, what is it exactly that she has done?

She left her architecture career in Panama to come to the United States, with all the odds against her. And yet she worked full time and went back to school also full time, and still managed to raise two daughters and a grandson, all in a foreign language. *"… and when I opened the curtains in the hotel room, I started to cry"* are my mother's words when she describes her arrival to Lawton, Oklahoma thirty years ago. She tells me that when she arrived in Lawton, it was very early in the morning and the city was quiet, dark and empty. She thought that they were at the edge of town. In the morning, when she opened the curtain of the hotel's window, she saw the dry and deserted aspect of the town, and when she became aware that she was downtown, she felt such sadness that she began to cry. This was a striking contrast to the green, plush vegetation of her land. Well, that was thirty years ago. Since then, my mother has adapted to the place she calls the "the tumble-weed town." She started as a housewife and with the aid of the US Army, she was able to continue studying English. The military demands caused stress to her marriage and brought about the divorce. As I mentioned, the only family she had in the country were my sister, her grandson and I. To support us, she took two part time jobs: one as assistant teacher in an elementary school, the other as activities coordinator for an after school program. Many of the teachers with whom she worked encouraged her to return to college. After four years, she graduated summa cum laude with a Master's Degree in Education in the specialty of Romance Languages. Far away are the winter mornings when she had to walk to work; far away are the long night hours she spent studying after tending the needs of my baby nephew and my own. But near, very near to her heart are the many friendships that flourished in this arid region of Oklahoma. This "tumbleweed town" has offered encouragement and support. After thirty years, when she opens the window she does not see dry bushes anymore, she sees friends, more than friends, she sees sisters with whom God has blessed her.

So admiration is not quite enough —not when I find myself in awe of her actions, her fortitude, and her perseverance. Not when she continues to teach me what determination means. Not when she sets an example for me by overcoming all obstacles set before her. My mother is someone I have looked up to my entire life. In addition to being a beautiful woman, she has a remarkable sense of humor, style and grace. She is brilliant and charismatic, with strength that has held me up and made me strong.

I *admire* her more than she knows, more than the word allows, and I cherish the closeness and the friendship we share today. I always felt, even when I was younger, that we had an easy relationship, full of mutual respect. I am grateful that she always treated me like an intelligent, mature, almost-adult, instead of a kid who didn't know better. I am the woman that I am because of that, and I hope that I can make her proud as I grow up, as I move onto the new phases of my life, as I become the human being that she has helped me become.

Like most mothers and daughters, we haven't always gotten

along and seen eye to eye on everything. But now as an adult, I appreciate her more than ever.

Therefore, "admiration" just doesn't come close enough to describe someone who is so patient, so kind, so glamorous, and such an incredible role model to me. Whenever I am asked, "Do you admire your mother?" I have to answer: "In a fashion."

La migración, la ansiedad y "México Lindo"

Margarita E. Pignataro

Mi madre siempre me había advertido que el migrar obliga a la persona a seguir adelante, a alcanzar la visión máxima que pueda existir en el mundo de uno, creado por nuestras decisiones y acciones. Tal consejo, "adelante y con ganas" era mi lema mientras trabajaba para alcanzar mi sueño profesional —un sueño que se convertiría en realidad por una migración transnacional a lo desconocido, a una tierra extraña y exótica de Miles City, Montana. Antes de la mudanza, ya estaba acostumbrada a mudarme por diferentes regiones geográficas: mi familia inmigró de Chile a los Estados Unidos, precisamente a Massachusetts desde Valparaíso. Durante mi búsqueda profesional viví en la Florida, Nueva York y Arizona. Fue fácil migrar en ese entonces porque tenía familia y amigos hispanos, tanto mexicanos como caribeños en dichos estados. Empecé mi carrera verdadera de migrar en la academia después de haber recibido mi doctorado en español de la Universidad Estatal de Arizona. Cuando me gradué no había puestos profesionales en mi campo, la literatura latinoestadounidense, en la ciudad de Worcester donde había vivido con mi familia; entonces para trabajar en mi carrera, me separé otra vez de mi núcleo familiar y viajé. La ansiedad me acompañaba durante esta migración transnacional y mi transformación profesional. Obteniendo un puesto de profesora visitante en Syracuse, Nueva York, dirigí una clase en español sobre literatura latino-estadounidense y dos clases sobre cultura y literatura hispana. Después de dos años en Syracuse, acepté un nuevo contracto en otra universidad y regresé a Worcester, Massachusetts. Al regresar a mi familia después de tanto vagar era un desafío, pero me encantó dirigir estas nuevas

clases universitarias y de posgrado. Mis estudiantes eran una mez-
cla cultural de latinos, mexicanos, sur y centro americanos. En uno
de mis cursos éramos ocho —todas mujeres— y durante el semestre empezamos a compartir nuestras historias como mujeres,
apoyándonos unas a otras y creando una actitud de confianza y sol-
idaridad entre nosotras. Una estudiante mexicana-puertorriqueña
compartió con la clase su vocabulario dialéctico de ambos lados de
su familia. Disfruté su entusiasmo de aprender de sus compañeras
uruguayas, dominicanas y puertorriqueñas. Otra estudiante, una
afro-puertorriqueña, que además de estudiar tenía un empleo de
cuarenta horas semanales, apenas hablaba español y nos deleitaba
con sus curiosas experiencias que tenían lugar fuera de la oficina
donde trabajaba: cuando sus directores tenían fiestas en los yates o
clubes de la élite la invitaban y los miembros de tales lugares pres-
tigiosos suponían que ella era una trabajadora del yate o del club,
mas nunca se imaginaban que era una de las invitadas. Por lo tanto,
nuestro salón de clase se convirtió en una zona segura en la cual
contábamos nuestras historias. Cuando mi contrato se vemció en
Worcester, acepté un puesto en el estado de Washington, un lugar
donde no conocía literalmente a nadie.

La demografía de una clase tiene un rol enorme en cómo
se presenta la materia y cómo se entenderá. Por mi migración a
Washington, me sentí perdida, un sentido que muchos encuentran
al cambiar de lugar geográfico: en este nuevo paisaje me encontré aislada culturalmente en un campus donde no se presentaba
la misma relación entre profesor y estudiante que había logrado
en las otras universidades. El colegio, ubicado en un rincón remoto en el este de Washington, era prestigioso y notablemente
de población blanca y donde muy pronto eché de menos la diver-
sidad y ambiente familiar de salón de clase que había apreciado
antes. Como en el caso de muchos migrantes, la razón principal
por la cual me había separado de mi familia era para seguir mi
carrera, ser autosuficiente, y a la vez, asistir económicamente a mi
familia. También había aceptado tal puesto para tener experiencia
como profesora —aunque no había posibilidades de enseñar clases

de literatura y cultura latino-estadounidense que exploraban los temas que habían sido el enfoque de mi investigación y que engendraban conversaciones tan dinámicas en mis otras universidades. Había poco espacio en el currículo para discutir la producción cultural chicana y latina, el movimiento chicano y neorriqueño, la inmigración, las expresiones homosexuales o queer en los medios de comunicación masiva y los textos latinos, el feminismo chicano, la teoría fronteriza, el transnacionalismo, el posnacionalismo y la latinidad en los Estados Unidos.

Entonces estaba en Walla Walla, un valle rodeado de viñeras que me llenaba de incertidumbre y a la vez, sabía que era necesario disfrutar mi nuevo ambiente. No obstante, la ansiedad me golpeó fuerte y sin darme cuenta, un estado perpetuo de inquietud era mi mejor amigo y mi peor enemigo al mismo tiempo. Luego, de repente, me encontré con la tarea de un destino diferente: me enamoré. Él era profesor asistente adjunto y director de la galería de arte de la universidad. Nos conocimos en un taller de la exploración de cultura y teoría visual. Cada miércoles nos reuníamos y en la segunda reunión sentí una conexión espiritual e intelectual: lo vi y me llegó el rayo de amor. Yo, una chilena estadounidense, compleja, inteligente, con un aspecto de gitana profesional, quien había dejado mi comunidad por un empleo; reconocí de repente que tal migración resultó en un encuentro con un hombre fascinante, inmerso en una cultura gringa walla wallenza por más de veinte años.

La novedad de mis sentimientos nuevos me afectaron y estuve en mi mundo pleno y maravilloso. Solía ser apasionada por el aprendizaje y el trabajo y ahora estaba locamente enamorada de un hombre guapo, inteligente, cómico y respetuoso. Entonces para disciplinarme, me repetía mi lema personal: primero Dios-Diosa y La Virgen, la salud, la familia y luego los amores: empezando con la educación/carrera y luego la exploración de la vida amorosa. Con tales pensamientos me balanceaba y me llenaba de esperanza, pero por supuesto, la incertidumbre permanecía —¿quién iba a estar con una migrante como yo? La sensación de estar fuera de sitio me preocupaba al principio de mi relación con el director pero disminuyó pronto en las sombras del valle walla wallenze.

Luego con la terminación de otro puesto de profesora visitante temporal y después de seis meses de noviazgo y solamente un año y medio en Walla Walla, descubrí que iba a migrar una vez más: ahora iba a ser una ciudad más pequeña en el este de Montanta que le daría a mi pareja una oportunidad de ser director ejecutivo de un pequeño museo. La posibilidad de vivir en Miles City, Montana me causaba una inmensa ansiedad. Por un lado, migrar esta vez no era para mis aspiraciones sino para que mi pareja consiguiera su sueño, y por otro lado, sería la primera vez que migraría sin un trabajo o un programa de estudio universitario fijo para seguir mis estudios. Sabía que para ser exitosa en este nuevo paso, si se lograba cumplir, tenía que superar mi ansiedad, especialmente si iba a vivir en una comunidad donde solamente había 2.4% de hispanos y donde la única institución de educación avanzada era un colegio comunitario que se especializaba en agricultura y enfermería y que no ofrecía ni un solo curso de español.

Aunque considerar tal migración se me hacía un poco difícil y mi propia ansiedad me obligaba a hacerme algunas preguntas. ¿Cómo convertiría tal ansiedad en algo productivo y creativo? ¿Sería mejor escaparme de la relación? ¿Habría llegado el momento de cambiar de carrera? Decidí acompañar a mi novio y quedarme en el noroeste. Regresar a mi familia en Massachusetts no me atraía porque sabía que mi independencia era algo que apreciaba y estar limitada en la casa de mis padres sofocaría mi espíritu gitano que guiaba mi aventura terrestre. Entonces otra vez avanzando paso por paso, entré a otra cultura con deseo de familiarizarme con aún otro terreno foráneo: Montana.

La lección de cada mudanza a cada rincón del mundo ha sido valorar la determinación de encontrar a la raza y a la gente con quien compartir historias y experiencias. Además he aprendido lo beneficioso que es mantener la confianza en mí misma. Entonces empiezo a explorar mientras mi pareja se entrevista para su trabajo. Al pasar por la avenida principal de Miles City, por la carretera 94, mis ojos se clavaron en la valla publicitaria del restaurante *México Lindo*. Después de haber visto innumerables cadenas de restaurantes y bares del oeste, conduje al estacionamiento de tal restaurante y me sentí tranquila. Al entrar a *México Lindo* la música de la emisora *Sirius XM Aguilar* se escuchaba por los altoparlantes y me senté a escribir, acompañada de la música y las conversaciones en español entre los meseros. Ver por la ventana la montaña distante me hizo sentir de repente como si estuviera otra vez en el desierto del suroeste. Pero la montaña era Montana, el símbolo de otra aventura.

Disfrutaba de tal ensimismamiento y la comida de *México Lindo* cuando escuché, desde otra mesa, que una señora exclamaba, "Esta es la mejor comida mexicana. Claro que no soy una viajera mundial, pero yo diría que lo es." Su compañera respondió, "En Seattle hay restaurantes que sirven buena comida." Y la primera coincidió rápidamente, "Oh, sí, de seguro en Seattle, pero ésta es la mejor comida mexicana." Al escuchar tal diálogo, mis uñas agarraron la mesa tan fuerte que parecía haber dejado marcas en ella. Mi primera experiencia en un ambiente "mexicano" en Miles City era que la gente dependía de *México Lindo* o un viaje a Seattle, Washington, para disfrutar la buena comida mexicana en un restaurante mexicano. Tuve que reflexionar por un momento y recordar que estaba en un lugar extranjero y en una tierra ajena con vaqueros estadounidenses. Nunca en mi vida había visto tantos hombres con hebillas anchas en sus cinturones, camisas tipo escocés, sombreros grandes, y vehículos polvorientos cubiertos por la tierra de los ranchos. Por supuesto, nunca había visto tal cultura porque nunca había vivido en un pueblo como éste. Entonces, a primera vista, estos mexicanos que vivían en Miles City y trabajaban en el restaurante eran los pioneros de la cultura, un tipo de maestro —en gastronomía, lengua, gestos— estaban integrados a la comunidad para crear la cultura montana-mexicana. Tal vez me darían un trabajo. . . . Con tal pensamiento reconocí lo que yo, una inmigrante como muchos otros, deseaba al llegar a un ambiente profesional nuevo o a cualquier lugar: la aceptación y la fortuna.

El analizar mi vida por la escritura, y el hecho de que escribo este testimonio, demuestran que he sobrevivido y ciertamente tengo una nueva perspectiva en cuanto a mi mudanza tan lejos de mi familia. Aunque el migrar sin familia es difícil, a la misma vez, estar donde hay muchas posibilidades para el amor, el empleo y la educación, a pesar de muchos momentos de ansiedad, es lo que necesito para mi alma y mi espíritu. Hay una energía que he llevado conmigo, del sur de América al norte de ella, y del noreste al noroeste, y el viaje internacional y transnacional corresponde a mi estatus transformativo. Me conformo con los misterios maravillosos del presente, como forman el futuro y como se aprecia cada momento mágico. He llegado a reconocer tales momentos mágicos en las lecciones del destino y creo también que tener fe en uno mismo en cada viaje que emprenderá, eventualmente superará cualquier obstáculo.

No me puedo imaginar los detalles que seguirán, lo único cierto es el amor y el control de las emociones. En fin, uno debe reconocer las bendiciones para seguir adelante con fuerza y confianza. Es el hecho de creer en el realismo mágico. Y si en un momento a una persona le toca migrar, mi consejo sería de tener la seguridad de que el universo lo llevará siempre a cumplir su destino.

Migration, Anxiety and "México Lindo"

Margarita E. Pignataro

My mother always advised me that to migrate obligated one to continue ahead, to reach for the maximum vision that could be imagined to exist in one's world, to create by one's decisions and actions. With this advice, "forge on with gusto" was my motto as I worked to achieve my professional dream– a dream that would only be converted into reality by a transnational migration into the unknown, to the strange and exotic land of Miles City, Montana. Even before this however, I was no stranger to shifting to different geographical regions: my family immigrated to the United States from Chile, precisely to Massachusetts from Valparaíso. During my educational pursuits, I lived in Florida, New York, and Arizona. It was easy for me to migrate then, since I had family and Hispanic, Mexican and Caribbean friends in these states. I started my true migratory career in academia after receiving my doctorate in Spanish from Arizona State University. Upon receiving my Ph.D., there were no professorial positions in my field, U.S. Latino Literature, in the city of Worcester where I had lived with my family so, to work in my field, I again separated from my familial nucleus and traveled. Anxiety accompanied me throughout this transnational migration and my professional transformation.

Obtaining a position as a visiting professor in Syracuse, New York, I led a class in Spanish on U.S. Latino Literature and two Hispanic Culture and Literature classes. After two years in Syracuse, I accepted a new appointment at another university and moved back to Worcester, Massachusetts. Being back with my family after all of my traipsing was a challenge, but I enjoyed leading these new undergraduate and graduate classes. My students were Latinos,

Déjame que te cuente...

Mexicans and a mix of South and Central American cultures. In one of my courses there were eight of us —all women— and over the course of the semester we began sharing our stories as women, supporting one another and creating an attitude of trust and solidarity among us. A Mexican-Puerto Rican student shared with the class her dialectical vocabulary from both sides of her family. I relished her eagerness to learn more from her Uruguayan, Dominican and Puerto Rican peers. Another student, an Afro-Puerto Rican, who in addition to studying worked forty hours weekly, hardly spoke Spanish and told us stories about strange engagements that she had outside of her place of employment: When her managers had parties in their yachts or elite clubs, they would invite her and she would go, however, the members of such prestigious places would assume her to be a yacht or club employee, but they never imagined that she was one of the invited guests. Thus, our classroom became a safe zone in which we could recount our stories. When my appointment in Worcester ended, I accepted a position in Washington State, a place where I literally knew no one.

The demography of a class plays a huge part in how information is presented and how it will be understood. In my Washington migration, I experienced a sense of loss, a sense that many who shift geographies encounter: in this new landscape I was culturally isolated on a campus where there was not the same professor-student relationship that I had achieved in the other universities. The school, located in a remote corner of eastern Washington, was prestigious and remarkably white and too soon I was deeply missing the diversity and classroom ambiance I had come to cherish. Again, like many migrators, the primary reason that I had separated from my family was to advance my career, be self-sufficient, and in turn, financially assist my family. I had also accepted this position to gain experience as a professor —even though there were no possibilities to teach a U.S. Latino Literature and Culture class exploring the themes that had been the heart of my research and engendered such dynamic conversations at my other universities. There was little room in the curriculum for discussing Chicana and Latina cultural production, the Chicano and Nuyorican movement, immigration issues, expressions of queerness in Latino text and media, Chicano Feminism, Border theory, transnationalism and post-nationalism, and U.S. Latinidad.

So I was in Walla Walla, a valley surrounded by vineyards that squeezed me with uncertainty and at the same time, I knew it was necessary for me to enjoy my new environment. However, anxiety hit me hard, and without realizing, this perpetual state of unease had become my best-loved friend and my worse hated enemy. Then, all of a sudden, I found myself undertaking a completely different kind of journey: I fell in love. He was an adjunct assistant professor and director of the college's art gallery. We met at a workshop exploring visual culture theory. Every Wednesday we would get together and at the second gathering I felt a spiritual and intellectual connection: I saw him and Cupid's arrow hit me. I, a Chilean-American, a complex, intelligent woman with a flare of gypsy professionalism, one who had left a supportive community for employment; I suddenly found my migration had resulted in an encounter with a fantastic individual, one twenty-plus years immersed in the gringo culture of Walla Walla.

The novelty of my new feelings affected me and I was in the height of my marvelous world. I was accustomed to being passionate about learning and working, and now I was crazy in love with a handsome, intelligent, funny, and respectful man. So in order to discipline myself, I repeated my personal mantra: first God/Goddess and Virgin Mary, health, family and then romance; starting with an education/profession and then explore the sensual landscape of love. With such thoughts, I balanced myself and hoped, but of course, the uncertainty still lingered —who would be with an immigrant such as I? My sense of dislocation made me very concerned at the beginning of my relationship with the director, but it faded soon in the shadows of the Walla Walla valley.

Then with the end of another temporary teaching position, after six months of courtship and only a year and a half in Washington, I discovered that I was to migrate once more; this time to an even smaller city in eastern Montana that would give my partner the opportunity to be an executive director of a small museum. The possibility of living in Miles City, Montana caused me immense apprehension. For one, moving this time would not be for my own aspirations but to accomplish the dream of my new loved one, and secondly, it would also be the first time that I would relocate without a job or a secure university program in which to continue my studies. I knew that to be successful in this next journey, if it was to take place, such anxiety had to be conquered, especially if I was to end up in a community where there were only 2.4% Hispanics, and where the only institution of higher learning was a community college that specialized in agriculture and nursing and did not offer even one Spanish class.

Although considering this new migration was difficult for me, recognizing my anxiety obligated me to ask myself some questions: How could I convert my unease into something productive and creative? Would it be better to escape from the relationship? Had the moment come to change my profession? I decided to accompany my fiancé and stay in the Northwest. To return to my family in Massachusetts did not appeal to me because I knew that my independence was something to be cherished and being confined in a house with my parents would squash my gypsy spirit, the spirit that propelled my earthly adventure. So once again I forged on, I entered another culture, willing to become familiar with yet another alien terrain: Montana.

From every move, to each corner of the world, I have learned value of having the determination to find "la raza" and people with whom I can share stories and experiences; I have also learned the benefit of having confidence in myself. So, I begin exploring while my partner interviews for his job. Passing by Miles City's main strip, off highway 94, my eyes caught the *México Lindo* Restaurant billboard. After driving past countless chain restaurants and western bars, I pulled into the restaurant's parking lot and felt suddenly at ease. Entering the *México Lindo,* sounds from *Sirius XM Aguilar* station played through the speakers, and I sat to write my story, accompanied by the music and the waiters' Spanish conversations. Seeing a distant mountain through the window made me suddenly feel as though I were once again in the desert Southwest. But the mountain was Montana, the symbol of another adventure.

I was enjoying this reverie and *México Lindo's* food when I heard, from another table, a lady exclaiming, "This is the best Mexican food. Of course, I am not a world traveler, but to me I would say that it is." Her companion responded, "In Seattle there are Mexican restaurants that serve good food." And the first lady quickly agreed, "Oh, yes, most certainly in Seattle. But this is the best Mexican food." Listening to the dialogue, I found my nails digging into the table, hard enough, it felt, to leave marks behind. My first experience in a "Mexican" environment in Miles City was that the people depended on *México Lindo* or a trip to Seattle, Washington to eat good food at a Mexican restaurant. I had to take a moment then and remind myself I was in a foreign place and in the land of the United States cowboy. Never in my life had I seen so many men with wide buckles on their belts, plaid shirts, big sombreros, and vehicles so dusty and covered with dirt from the ranches. Of course, I had never seen such culture because I had never lived in a town like this. So, at first impression, the Mexicans who lived in Miles City and worked in the restaurant were cultural pioneers, teachers too of sorts —in gastronomy, language, gestures— they were integrated into the community to create a Montana Mexican culture. Perhaps they would give me a job. . . With this thought I realized what I, as an immigrant like so many others, desired upon arriving at a new professional environment or whatever place: acceptance and fortune.

Analysis of my life through words, and the fact that I write this testimony, shows that I have survived and I indeed have a new perspective regarding this far away move from my family. While it turns out that that migration without family is very difficult, at the same time, to be where there may be possibilities for love, employment, and education, despite the many moments of anxiety, is what I need for my heart and soul. There is an energy that I have taken with me, from South America to the North and from the Northeast to the Northwest. This international and transnational voyage corresponds to my transformative state. I am satisfied with the marvelous mysteries of the present, how it forms the future and how each special magical moment is appreciated. I have come to understand such magical moments in destiny's lessons, and I believe too that to have faith in oneself in every journey undertaken, will eventually overcome whatever obstacles.

I cannot envision the details of what may happen next, the only certain thing is love and the control of one's emotions. In short, one must recognize the blessings in order to move forward with strength and confidence. It is a matter of believing in magical realism. And if in a moment it should be one's turn to migrate, my advice would be to rest assured that the universe will always take one wherever one should be.

¡Ahora sé quién soy!

Judith Abella Efdé

¿Cómo es posible tener tres hogares pero al mismo tiempo ser extranjera en todos ellos? Es una pregunta que llevo haciéndome por mucho tiempo. ¿Quién soy? ¿Me lo dirá mi nombre, mis apellidos? ¿Veo en ellos mi identidad? No. Encuentro sólo el origen de mi patrimonio, mis antepasados. Me confunden: Abella es italiano y Efdé francés de la época de los hugonotes. Son datos interesantes, de eso no hay duda, pero aún no sé quién soy. ¿Me lo dirán mis pasaportes? No. La verdad es que tampoco. Son sólo una legalidad que me da una identidad nacional para que reconozcan el número que represento dentro del censo nacional de cada país. ¡Qué esterilidad! Pues quizás sea mi acento, a muchas personas se las identifica por su acento. Otra vez quedo defraudada: resulta que dependiendo de la lengua que esté hablando mi acento o dialecto, si existe, es diferente también. Mi madre es alemana y mi padre es español, así que aprendí ambos idiomas ya desde el momento en que fui capaz de hablar. Cuando hablo en español el latino-americano inmediatamente me identifica como española por lo del ceceo, en cambio cuando me escucha el español me identifica como catalana. Tiene algo que ver con dónde coloco la "l". Siempre traiciona. Queda claro donde me crié, ¿no?

El alemán oye que soy alemana y no extranjera, pero no hay rasgos que identifiquen de dónde vengo en Alemania; tiene sentido ya que me mudé a España a los cinco años. Tengo, lo que dicen, alemán de locutora, como si me hubieran entrenado a no adoptar ningún acento alemán en particular, pero un alemán no lo pasa por alto y lo juzga sin miramientos. Ahora, después de haber vivido casi tres décadas en los EE.UU, el estadounidense me oye hablar inglés, me mira, escucha, me mira otra vez y finalmente después de un buen rato me pregunta que de dónde soy, pues mi acento otra vez me ha traicionado. A veces contesto mintiendo en broma para ver cómo reacciona y digo que soy de Juneau, Alaska. ¡Hasta se lo creen! También esta broma ya es vieja. ¡Qué rabia! Ni siquiera el idioma que para mí es extranjero ayuda a clavar la chincheta que me coloca en algún lugar exacto del mapa del mundo… y mientras tanto mi identidad continúa siendo indefinida para mí.

Ya desde pequeña me sentía tan sola que no sabía a qué aferrarme. Es que ya no me queda familia con quien tenga contacto aparte de mi madre. Mi padre nos abandonó en España al año de mudarnos y desde entonces tampoco he tenido contacto con el lado peninsular de la familia. Se puede uno imaginar cómo me sentía en esa época y al no acabar de ajustarnos a la vida en España, me quedó la impresión de que tenía aún menos arraigo español. Así es que ya desde entonces no tenía un solo lugar que pudiera llamar mi hogar. En cierto modo soy de todas partes sin ser de ninguna. Al menos así pensaba. Siempre he llamado la atención por ser diferente, por no tener "rasgos típicos" –cualesquiera que fueran o según lo que este concepto signifique-, por tener un acento, ¿de qué? Y todavía me pasa igual. Es agradable que se den cuenta de uno al principio, pero después de tanto cansa. ¿Por qué no puedo ser uno de "ellos"?

A lo largo de los años he aprendido que no se trata de que no sea de ninguna parte o no tenga hogar, sino que de hecho tengo tres hogares, tres patrias que quiero con todo mi corazón. Tengo raíces en dos de ellas ya que me crié en éstas y me han brotado nuevas raíces en los EEUU, mi hogar físico, mi patria adoptada. Soy rica, rica a más no poder.

Me ha llevado mucho tiempo llegar a este descubrimiento, pero me he dado cuenta de que no tengo por qué identificarme tan sólo por un país, un pasaporte rojo que demuestra que soy un miembro de la comunidad europea, por ser alta, rubia o hasta por el hecho de que tengo ojos azules; que sea una "cabeza cuadrada" como los españoles nos llaman cariñosamente a los alemanes por nuestro extraordinario sentido de la disciplina y la puntualidad, algo no muy común en España, admitámoslo, y que pueda hasta dar la apariencia de tener un cierto sentido de arrogancia a primera vista. Al mismo tiempo, por otra parte, con tan sólo una sonrisa poder mostrar mi lado más cálido; y a veces hasta algo pícaro, mi lado español. Una calidad que no se le puede atribuir al alemán, ya que tiene una tendencia de ser muy directo. Vaya paradoja debo ser, hasta que me di cuenta de que nada de esto importa. ¡Qué tonta he sido! Soy quien soy. Quien bien me conoce me identifica y no duda de ello, ¿por qué debo dudarlo yo entonces? Veo en mí partes de Alemania, mi país natal, y las influencias de la crianza de mi madre. También veo en mí partes de España, donde me crié, eduqué y pasé gran parte de mi niñez y juventud. Y ahora también reconozco rasgos de los EE.UU en mí, donde he pasado la mayor parte de mi vida adulta: tengo lo mejor de todas estas naciones en mí y alguna que otra vez lo peor. No soy lo uno sin lo otro y la verdad es que me sentiría perdida si no tuviera contacto con cualquiera de mis patrias. Me sentiría como sorda, ciega o muda. Necesito todos mis sentidos, todas mis nacionalidades, todos los rasgos y las características de las naciones que forman mi ser para sentirme completa.

Ahora sé quién soy. Soy Judith Abella Efdé, una persona única como lo somos todos.

I Now Know Who I Am!

Judith Abella Efdé

How is it possible to have three homes yet be a foreigner in all of them all at once? This is a question I have been asking myself for a very long time. Who am I? Will my name tell me, my last names? Do I recognize in them my identity? No. I find in them only the origin of my heritage, my ancestry. They confuse me: Abella is Italian, and Efdé is French from the time of the Huguenots. These may be interesting facts, but I still don't know who I am. Will my passports tell me? No. The truth is they will not tell me either. They are only a legality which provides a national identity so that they can recognize me by the number which represents me within the national census of each country. How sterile! Well, then maybe my accent will. Many people are identified by their accent. Yet my disappointment continues: it turns out that depending on the language I am speaking, my accent or dialect, if any, is also different. My mother is German and my father is Spanish, so I pretty much learned both languages from the moment I was able to speak. When I speak in Spanish, the Latin American identifies me as a Spaniard, due to what is often misinterpreted as a lisp, on the other hand when a Spaniard hears me; he identifies me as a Catalonian. This has something to do with where I place my "l". It always betrays me. This does shed some light as to where I was raised, does it not?

A German would hear that I am indeed German and not foreign, but there are no traits which identify where in Germany I am from; since I moved to Spain when I was five years old. I have what they label as, broadcast German, as if they had trained me not to use any particular regional German dialect, but a German doesn't dismiss this and passes judgement. Now, after having lived for almost three decades in the United States, Americans hear me speak in English, look at me, listen, look at me again, and finally after some time ask me where I am from, since my accent has yet betrayed me once again. Sometimes I answer jokingly with a white lie simply to see how they will react and say that I am from Juneau, Alaska. They actually believe me! But even this joke is getting old. It is exasperating! Not even the language which is foreign to me helps pinpoint on the map of the world where exactly I belong... and in the meantime my identity remains unclear to me.

Already as a child, I felt so alone that I didn't know what to cling to. I have no other family left except for my mother. My father abandoned us both within one year of moving, and since then, I no longer had any contact with the peninsular side of the family. One can imagine how I must have felt during that time while my mother and I had not quite adjusted to life in Spain. It left me with a feeling of having even fewer ties to the Spanish culture. So even then I did not have a single place to call home. To some extent I am from everywhere without being from anywhere. At least that is what I used to think. I always attracted attention for being different, for not having "typical traits" (whatever those might be or whatever "typical" is supposed to mean), for having an "accent." Of what? To this day, nothing has changed. It is nice being noticed in the beginning, but after a while it becomes tiring. Why can I not be one of "them"?

Through the years I have learned that it is not about not being from anywhere or not having a home; the reality is that I have three homes, three lands I love with all of my heart. I have roots in two of them seeing as I was raised in them, and I have sprouted new roots in the United States, my physical home, my adopted land. I am rich, rich to no end.

It has taken me a long time to discover this, but I have come to the realization that I don't have to identify myself by one country alone, a red passport which shows that I am a member of the

European Union, for being tall, blonde, or even the fact that I have blue eyes; that I am what the Spaniards lovingly call us Germans "a square head" for our remarkable sense of discipline and punctuality, traits not commonly seen in Spain, let's admit it. I can even come across as being quite arrogant at first impression. Yet within a split second and with a single smile, I show my warmer and even sometimes sassy side: my Spanish side, a feature one cannot necessarily attribute to a German, as they do have a tendency of being rather direct and to the point. What an oxymoron I must be, until I realize that none of that matters. What a fool I've been! I am who I am. Those who know me identify me and don't have any reservations so why do I still doubt myself? I see in myself parts of Germany, my country of birth, and the influences of my mother's upbringing. I also see in myself parts of Spain, where I was raised, educated, and spent most of my childhood and youth. And now, I also recognize in me parts of the United States, where I have spent most of my adult life. I have the best of all these nations in me, even if sometimes I have the worst. I can't be one without the other, and truth be told, I would feel not whole if I ever lost contact with any of my countries. I would feel as if I were deaf, blind, or mute. I need all my senses, all my nationalities, all the traits and characteristics of the homes which form my being in order to feel complete.

I now know who I am. I am Judith Abella Efdé, a unique person like each and every one of us.

Camina mi camino

Bernardo Torres

Decir mi historia
Como decir 'decir mi vida'
Como decir 'decir tu historia'
O su historia
O nuestra historia
o vuestra historia
como decir 'decir
es una crisis, una aventura';
decir es incierto, como el viento
como decir lo mío,
decir lo tuyo,
lo suyo,
lo nuestro,
lo vuestro;
mire, abuela,
perdóneme,
que la traiga aquí ,
a este espacio,
de repente,
sin avisarle,
usted que decía:
decir es sólo decir,
viento seguro
que sopla
la calcinada calle.
Quiero oírla de nuevo,
sentirla pegadita
a mis orejas.
Amiga,
si lo que quieres es decirme

Déjame que te cuente...

　　　tu historia,
　　　no la digas,
　　　camina mi camino, ven,
　　　arrúllame en tus pies,
　　　que yo también tengo algo
　　　que contarte;
　　　te arrullaré inseguro,
　　　de mis labios,
　　　del camino,
　　　saltarán,
　　　quebrantadas,
　　　mis palabras,
　　　mas, si lo quieres,
　　　las enveneno con mi aliento,
　　　para que te lleguen seguras
　　　polvorientas de rabia.

Walk my Walk

Bernardo Torres

To tell my story
Like saying 'tell my life'
Like saying 'tell your story'
Or their story
Or our story
or all of your story
like saying 'it's a crisis,
an adventure';
to say it's uncertain, like the wind
like telling what is mine to tell,
telling what is yours to tell
what is theirs,
what is ours,
what is all of yours,
look, grandma,
forgive me,
whatever I may bring here,
to this space,
all of a sudden,
without warning,
you who used to say:
they're only words,
sure wind that blows
the scorched street.
I want to hear her again,
to feel her words ringing
in my ears.
Friend,
if what you want is to tell me

Déjame que te cuente...

　　　　your story,
　　　　don't tell me;
　　　　walk my walk, come,
　　　　lull me to sleep at your feet,
　　　　I too have something
　　　　to tell you;
　　　　I will whisper to you sweetly, with uncertainty,
　　　　from my lips,
　　　　about the journey,
　　　　my words
　　　　will jump,
　　　　shattered,
　　　　but, if you want,
　　　　I'll poison them with my breath,
　　　　So they arrive safely to you
　　　　dusty with rage.

21 años después

Wilfredo Hernández

En octubre de 1992 apareció un anuncio en inglés en *El Nacional,* un diario de Caracas, Venezuela, mediante el cual se buscaba a instructores calificados para enseñar Español en escuelas secundarias públicas de Estados Unidos. Un mes antes yo había comenzado una maestría en la enseñanza de lenguas extranjeras e inmediatamente después de leer el aviso, concluí que sería beneficioso pasar por lo menos un año en un país angloparlante y así mejorar el idioma que había aprendido desde adolescente. Además, el sueldo y las condiciones laborales eran muy atractivas. El proceso de solicitud incluyó dos entrevistas: una preliminar en noviembre con una profesora estadounidense que radicaba en Caracas; y una muy extensa en febrero con dos administradores del programa que contrataría a los docentes. Ambas fueron en inglés y versaban sobre mi experiencia y conocimiento docentes. Yo había estudiado Idiomas Modernos en la Universidad Central de Venezuela y había enseñado sucesivamente en escuelas secundarias y universidades de Caracas desde fines de los años ochenta.

A principios de junio de 1993 recibí una llamada de uno de los administradores del programa avisándome que era uno de los candidatos para enseñar en Virginia y que la última prueba consistiría en una entrevista telefónica con la directora de la escuela que estaba interesada en contratarme. No recuerdo haberme sentido tan nervioso como en los días anteriores a la llamada, pero todo salió bien y, dos meses después, en agosto, llegué en avión a Raleigh, Carolina del Norte; en Chapel Hill. Recibí un breve entrenamiento antes de trasladarme por carretera a Strasburg, un hermoso pueblo ubicado al norte del parque nacional Shenandoah, donde tuve la dicha de residir entre 1993 y 1994. Había cumplido 30 años en mayo y era la primera vez que visitaba los EE.UU.

Luego de enseñar por un año en Virginia, decidí no regresar a Caracas. La estancia en Estados Unidos había tenido un efecto profundo en mí, particularmente al comprender que Venezuela era mi pasado y el país huésped mi futuro. Gracias a los consejos de varios amigos, decidí solicitar entrada al programa de postgrado en Letras Hispanas de la Universidad de Connecticut. Viajé a Caracas en junio de 1994 para cambiar la visa, para vender todas mis pertenencias y me mudé a Nueva Inglaterra ese mismo verano. Entre 1994 y 1998 completé la maestría y los cursos de doctorado en UCONN. Entre 1998 y 2000 recibí una beca de Trinity College, en Hartford, para escribir la tesis doctoral; allí también pude enseñar Español y encargarme de organizar actividades culturales para los estudiantes. En 2000, mientras aún redactaba el trabajo de grado, recibí una oferta de empleo como profesor visitante en Allegheny College, Meadville; un pueblo de Pensilvania ubicado a 86 millas al norte de Pittsburgh, donde he enseñado desde entonces.

Antes de venir a los Estados Unidos había vivido en Caracas por trece años, y estaba acostumbrado a ir con frecuencia al cine, al teatro, a visitar librerías, a escuchar música clásica en vivo y a disfrutar del anonimato urbano. Excepto por dos años, he residido siempre en pueblos: primero en Virginia, luego en Connecticut y ahora en Pensilvania. Pero las diferencias entre los pueblos venezolanos y los estadounidenses son inmensas. Esto lo digo con la experiencia de haber crecido en uno en Isla Margarita y haber vivido cuatro años en Storrs y catorce en Meadville. Mientras en la provincia venezolana el acceso a la cultura (educación, bibliotecas, librerías y cine, entre otros) era limitado, en las poblaciones en que he residido en Estados Unidos es fácil. En el caso de las bibliotecas, siempre he podido leer lo que he querido. Como he enseñado en universidades por dos décadas, no puedo sino sentirme privilegiado de la facilidad que siempre he tenido para encontrar cualquier material que he necesitado. Es cierto que aún extraño ir al cine a mirar películas extranjeras, algo que no puedo hacer en Meadville, pero ahora las miro en video o, si tengo tiempo, manejo a Pittsburgh, donde hay muy buena oferta de cine independiente e internacional. Cuando viajo, lo que hago siempre a ciudades, también intento ver todos los filmes internacionales que pueda.

Sin embargo, el mayor contraste entre Caracas y los tres pueblos que mejor conozco en Estados Unidos es la seguridad. Entre 1989 y 1993 Venezuela pasó un periodo político y económico particularmente muy inestable. Fueron años en que, por lo menos en la ciudad capital, mucha gente quería abandonar el país porque pensaba que el futuro era incierto. La violencia era cotidiana y cualquier persona se exponía a perder sus bienes o su vida si, por ejemplo, si se atrevía a circular a pie o en auto en la noche. El temor de que a uno lo podían asaltar y herir incluso dentro de su residencia era compartido por mucha gente. Recuerdo un incidente que me afectó profundamente: la casa donde vivía, localizada en Colinas de Bello Monte, un área de clase media en el este de Caracas, fue asaltada varias veces; junto con el televisor, la computadora y algunos muebles valiosos, los ladrones se llevaron incluso un radio de onda corta que había adquirido para escuchar estaciones de radio internacionales. Quizá porque hubo que instalar todo tipo de seguridad para poder sentirnos más protegidos, la casa perdió su atractivo.

En cada uno de los pueblos donde he morado en Estados Unidos, el funcionamiento de la seguridad pública ha sido excelente; tanto en Storrs como en Meadville, los recintos universitarios no tienen vallas protectoras y los edificios se mantienen abiertos y cualquier persona puede visitarlos; no hay guardianes protegiendo los bancos o los centros comerciales y mucho menos el campus universitario. En caso de ocurrir algún accidente vial, la policía aparece con prontitud; si hay heridos, las ambulancias llegan en minutos. Algo que desde 1993 también me ha llamado la atención es la dignidad y el profesionalismo de los agentes encargados del orden, desde los policías municipales, los estatales y los más especializados como la policía federal. Esto se observa no solamente en el uso que hacen de la lengua sino también en el firme respeto que tienen hacia los ciudadanos. En Venezuela me daba miedo cuando aparecían los policías porque no les tenía mucha confianza.

Además de la oportunidad de hacer estudios de postgrado y de haber disfrutado de un grado de seguridad inusitado en Venezuela, establecerme en los Estados Unidos también me ha permitido expresar una parte de mi personalidad que reprimía en Venezuela, es decir, mi homosexualidad. Nací en Porlamar, la ciudad más grande de isla Margarita, pero, como indiqué antes, crecí en un pueblo. Por varios años viví en Ciudad Guayana, estado de Bolívar, en el sur de Venezuela; y desde 1980 me establecí en Caracas, a donde asistí a la Universidad Central de Venezuela. Aunque la homofobia era menos amenazante en las ciudades por el anonimato que inherentemente existe en ellas, crecí y alcancé la adultez en un país y en una época donde había poca libertad sexual y mucha hipocresía. Por el contrario, cuando llegué a Estados Unidos en agosto de 1993 encontré un país donde la homosexualidad formaba parte de las discusiones públicas gracias a la agenda política antidiscriminatoria propuesta por el Presidente Bill Clinton.

Afortunadamente para mí, todos los sitios en que he residido en Estados Unidos están cerca de ciudades: Strasburg, de Washington, D.C.; Storrs, de Hartford y Boston; y Meadville, de Erie, Pittsburgh y Cleveland. Esta proximidad ha implicado que en estos 21 años siempre he podido visitar una ciudad con frecuencia. Los cambios culturales más significativos en la historia moderna están asociados al ámbito urbano. Para un hombre gay que, como yo, comenzó a expresar sus inclinaciones eróticas públicamente después de mudarse a los Estados Unidos, las ciudades fueron —y continúan siendo— espacios muy significativos. Recuerdo, por ejemplo, haber leído en 1993, mientras vivía en Strasburg, artículos en el *Washington Post* sobre exposiciones y películas de artistas gays que se mostraban en museos y cines del Distrito de Columbia. Me acuerdo también de pasar muchas horas durante los fines de semana en una librería Borders ubicada cerca de Tyson Corner, el centro comercial más grande de la capital, hojeando los libros de la sección "Escritores gays."

Aceptar públicamente una identidad erótica alternativa requería un ambiente de mayor libertad que el existente en la escuela secundaria y el pueblo virginianos en que enseñé y habité entre 1993 y 1994. Mi mudanza a Connecticut en el otoño de 1994 tendría efectos definitivos en este sentido por dos razones. Por una parte, porque el campus de la Universidad de Connecticut proveyó un espacio óptimo para conocer a otras personas de la misma sexualidad, muchas de ellas también estudiantes internacionales; y, segundo, porque la sexualidad y el género comenzaron a recibir atención más extensa en los cursos universitarios de pre y postgrado. En los 4 años que viví en Storrs conocí a muchas personas que asumían su identidad gay con naturalidad; algunas fueron muy importantes en ayudarme a aceptar la mía. Un amigo puertorriqueño mayor que yo fue quien posiblemente tuvo más impacto directo en el proceso de que abrazara mi nueva identidad. Su influencia fue tal que cuando debí seleccionar un tema de tesis doctoral, decidí investigar cómo los escritores hispanoamericanos representaron el homoerotismo masculino desde finales del siglo XIX hasta fines del XX.

Poder dedicarme a leer por dos años a oscuros escritores homosexuales del pasado y a los estudiosos que por entonces estaban comenzando a publicar los primeros análisis extensos del tema fue una experiencia única. Gracias a la beca que recibí en Trinity College en 1998 para completar la tesis en su recinto, también pude contar inicialmente con la riqueza de las bibliotecas de Nueva Inglaterra. El trabajo que emprendí requería consultar numerosos libros provenientes de múltiples países hispanos, y siempre pude tener acceso a los materiales que necesité; pero, igualmente importante, fue el tiempo libre de que disfruté para avanzar en la investigación. Como muchos estudiantes en Venezuela, sólo pude asistir a la universidad porque trabajaba a tiempo parcial para pagar todos mis gastos personales y educativos. De allí que tener el privilegio de poder dedicarme por dos años a escribir la tesis doctoral fue el mejor regalo que alguna vez recibí. Tengo la seguridad de que si me hubiese quedado o regresado a Venezuela, nunca habría podido escribir el trabajo doctoral que deseaba.

Veintiún años es un buen tiempo para evaluar el impacto que la decisión de venir a Estados Unidos en 1993 tuvo en mí. Convertirme en un inmigrante me hizo una persona más independiente, más responsable y más riguroso conmigo mismo. Cuando te mudas a otro país solo, tienes que asumir que para lograr tener éxito vas a tener que trabajar mucho, y todo el tiempo, porque no tienes a ningún familiar cercano a quien pedirle ayuda y sólo cuentas contigo mismo. La responsabilidad es esencial para ser un buen docente, el oficio que he ejercido desde fines de los años ochenta. Como ilustración: es necesario preparar las lecciones diariamente, aprender mucho y con rapidez, corregir tareas y calificar trabajos y exámenes a tiempo, además de planificar con mucha anticipación el trabajo de cada semestre. Finalmente, cuando aprendes a ser independiente y responsable, tus criterios de calidad, y no solamente para desempeñar tu trabajo, también se modifican. Al cabo de estas décadas me he vuelto más exigente con todo: con las películas que miro, la música que escucho y los libros que leo. Han sido 21 años de múltiples y ricas experiencias; y si tuviera que tomar de nuevo la decisión de mudarme de Venezuela a los Estados Unidos, no lo dudaría ni por un minuto.

21 Years Later

Wilfredo Hernández

In October 1992, the Caracas newspaper *El Nacional* published an ad in English, which sought qualified instructors to teach Spanish in American public high schools. One month prior, I had begun a master's in the teaching of foreign languages and, immediately after reading the notice, I concluded that it would be advantageous to spend at least one year in an English-speaking country to improve the language I had been studying since I was a teenager. Besides, the salary and working conditions were very appealing, too. The application process included two face-to-face interviews: one preliminary in November with an American teacher of English living in Caracas; and another and longer one in February with two of the program administrators. Both meetings were in English and dealt with my academic training and teaching experience. When I went to college, I received a major in modern languages and after graduation, I taught in both private high schools and colleges in Caracas.

At the beginning of June 1993, I received a call from one of the program administrators telling me that I was one of the top candidates to teach in a school in northern Virginia and that the final interview would be conducted with the school principal. I still recall how nervous I was before the call, which took place a few days later; everything went fine and I was hired. Two months later I landed in the Raleigh-Durham airport. After a few days of training in Chapel Hill, I drove to Strasburg, a gorgeous town located at the north of the Shenandoah National Park, where I lived between August 1993 and June 1994. I had turned 30 in May and it was the first time I was visiting the United States.

After one year in Virginia, I decided I would not go back to Venezuela. The stay had a deep impact on me, especially in understanding that Venezuela was my past and America my future. Several friends of mine suggested that I apply to graduate school, which I did and was accepted for a master's and a Ph.D. in Spanish at the University of Connecticut. I went back to Caracas to get a student visa and sell all my belongings, and in August 1994, I moved to New England. Between 1994 and 1998, I finished all graduate courses and in the spring 1998, Trinity College awarded me a fellowship to write my doctoral dissertation on campus. I moved from Storrs to Hartford in August of that year. I taught a few Spanish courses at Trinity and was in charge of the Spanish Club and organizing a Spanish-language film festival every semester. In the spring of 2000, I was hired as a visiting professor of Spanish at Allegheny College, in Meadville, PA, 86 miles north of Pittsburgh, where I currently live and teach.

Before moving to the United States, I lived for 13 years in Caracas and went to the art movie houses, theatres, bookstores, and classical music halls on a regular basis. I also enjoyed the anonymity that cities provide. Except for the 2 years I spent at Trinity College between 1998 and 2000, I have lived in towns and small cities: first in Strasburg, Virginia, then in Storrs, Connecticut, and currently in Meadville, Pennsylvania. However, the differences among the American and Venezuelan towns and small urban centers are substantive. I say this because on one hand, I had the experience of growing up in a Margarita Island town and on the other hand, I resided for four years in Storrs and have been in Meadville since fall 2000. While in provincial Venezuela, access to culture (schools, libraries, cinema, etc.) is limited; in the American towns and small cities it's pretty good. In the case of libraries, I have had access to any book I wanted to read. As I have taught in college for two decades, I know that I am privileged in getting any material I need either at the college library or through the interlibrary loan services. I do miss being able to watch international films, something that I can rarely do in Meadville, but I watch them on video and if I have free time, I drive to Pittsburgh (about 90 minutes) where there are several cinema theatres that show independent and foreign movies. Also, every time I go to any city, I try to catch some of the latest foreign and independent releases.

The most significant difference between Caracas and the three American towns I have lived in is safety. Between 1989 and 1993, Venezuela experienced a very unstable time, politically and economically. During those years, at least in Caracas, many people wanted to leave the country because they thought the future was uncertain. One dealt with urban violence daily and anybody could be robbed either during the day or the evening, walking or driving. Even inside their homes, people did not feel safe. I remember an incident that affected me deeply. I used to live in Colinas de Bello Monte, a middle-class neighborhood located in east Caracas. Our house was broken into twice; thieves carried off television sets, computers, some expensive furniture, and even a short-wave radio that I used to listen to international stations that broadcast in English. We had to reinforce the house security by erecting tall walls and installing electronic security devices in order to feel that we were safe inside. Actually, after the attacks, I never felt secure in Caracas.

In each American town I have lived, public safety has been excellent. In Storrs as well as in Meadville, the college campuses do not have fences; all buildings are open during the day and any person can enter. There are not guards in the banks or the malls and less so on campus. In case of a car accident, police arrive promptly. If there is any person injured, ambulances also show up within minutes. Something that I found interesting since I arrived here in 1993 is the dignity and professionalism every police officer demonstrates. Also, I am struck by the way they speak and the firm respect they have toward their fellow citizens. I am ashamed to confess this, but I didn't feel confident dealing with Venezuelan policemen; in fact, I always feared them.

Besides the opportunity to complete a master's and a doctorate, as well as enjoying a level of public safety unheard of by most Venezuelans, my moving to the United States also had an impact on my personality: for the first time I felt safe to express my sexuality openly. I was born in Porlamar, Margarita Island's largest urban city in 1963, but grew up in a small town in the northern side of the island. For several years, I also lived in Guayana City, in Bolívar State, southern Venezuela; in 1980, I moved to Caracas, where I went to college at Universidad Central de Venezuela, the oldest and largest public university of the country. Although homophobia was less threatening in the cities, I grew up in a country and a time with little sexual freedom and a lot of hypocrisy. When I arrived in the United States, I was struck by how same-sex desire was part of public discussion. This was the time when President Bill Clinton proposed the failed "Don't ask, don't tell" policy that would allow gays to join the military.

Luckily, all the towns in which I have resided in America are near cities: Strasburg is near D.C.; Storrs, close to Hartford and Boston; and Meadville is in the vicinity of Erie and equidistant between Pittsburgh and Cleveland. This fact has meant that in these 21 years, I was able to go often to a city and keep up with current cultural events taking place in them. The most significant changes in modern history are linked to urban centers. For a gay man who came out after moving to the States, cities were —and continue being— very important spaces. I recall, for example, reading in the fall of 1993, while I lived in Strasburg, stories in the Washington Post about exhibits and movies by gay artists being shown in D.C.'s museums, galleries, and cinemas. I also remember spending hours on the weekends in a Border's bookstore located at Tyson Corner Center, the largest mall in the Washington area, and buying books by gay writers such as Constantin Cavafy and Edmund White; some of these books are still with me.

However, embracing a gay identity required a freer environment than that which the secondary school and town in Virginia provided. Indeed, moving to Connecticut to attend graduate school had definitive effects in this regard, mainly for two reasons. First, because the University of Connecticut campus offered a more appropriate space to know other gay people, some of them international students such as myself; and secondly, because around this time, sexuality and gender became accepted areas of inquiry in the humanities and thus undergraduate and graduate courses on these subjects became part of the curriculum in many majors. In the 4 years I lived in Storrs, I met many people who had come out; some of them helped me to accept a gay identity. A gay Puerto Rican colleague and friend was the person I got to know more and thus had a profound impact in me. His influence was such that when the time came to choose a dissertation topic, I decided to investigate how Latin American writers depicted same-sex desire in fiction, poetry, and plays from the 1880s through the 1980s.

Being able to read some of these quite unknown writers and the scholars who were studying them, paying attention to sexual and gender issues for the first time, was an extraordinary experience both academically and personally. Thanks to a fellowship that Trinity College gave me in 1998 to write my dissertation on campus, I also had extraordinary access to the great research libraries of New England. My work included reading books published in multiple Latin American countries, and I always was able to consult even the most obscure of them. But it was equally significant to have abundant time to do my work. Like many people in Venezuela, I only was able to attend college because I was able to have a part-time job. Therefore, being given a 2-year fellowship to advance my dissertation research and writing was the best gift I ever received in my entire life. I am sure that had I stayed in my birth country, I never would have written the doctoral thesis I wrote.

Twenty-one years is more than enough time to assess the impact that moving to the United States had on me. By becoming an immigrant, I also learned to be more independent, more focused, and more rigorous. When you move to another country alone, you have to accept that, in order to be successful, you have to work hard, and all the time, because you don't have any relative to ask for help: you are by yourself. Being responsible is key to teaching effectively, the job I have been doing since the late 1980s. Besides planning the semester activities well in advance, teachers also have to prepare daily lessons, learn a lot and fast, correct homework, and grade papers and exams. I think that when you learn to be more independent and more responsible, your assessment criteria also change. At least I know that in these last two decades I am more demanding, and not only with my work. Indeed, today I am also more selective with the movies that I watch, the concerts I attend, as well as the books I read. These 21 years have been rich in experiences, academically and personally. If I had to make the decision to move again to the United States and stay for good, I would not hesitate for a minute to go.

Por aquí y por allá

Jaquelin Fematt Dutson

Para Tito

Nací en Nuevo Ideal, Durango, México, un pueblito al este de la Sierra Madre occidental. El nombre de mi pueblo natal siempre me ha enorgullecido: ha sido mi huella de identidad como persona, como mujer. En Durango viví mis primeros años de la infancia, vivíamos en una casita de color pistacho que estaba al lado de la casa de mis abuelitos paternos. Yo jugaba a la víbora de la mar en el patio; a veces mi mamá me contaba cuentos fantásticos al estilo de las mil maravillas mientras comíamos quesadillas con queso de menonita y carne seca que había hecho mi abuelita.

Desde muy temprana edad crecí escuchando historias de "por allá." Dependiendo de donde estaba viviendo en ese momento... "el otro lado" era Estados Unidos o México. Me contaban que mi abuelo paterno había sido un seminarista (antes de casarse con mi abuelita) que había estudiado química. Como buen químico, una vez inventó un detergente que le hizo la competencia al que para entonces era el más vendido en México y acumuló una pequeña fortuna. Desafortunadamente, a causa de un robo, mi abuelito perdió todo en un pedido a la ciudad de México. Sin dinero y con la necesidad de criar a sus diez hijos, se fue "al otro lado" en busca de una mejor suerte. Mi papá había sido maestro de matemáticas en una escuela normal y después fue gerente de banco en Camargo, Chihuahua. Después de la pérdida de la fortuna de su padre decidió abandonar su cómoda vida en el norte del país para acompañar a mi abuelo a los Estados Unidos. Los dos trabajaron por un tiempo en Livingston, California, un pueblito en el valle de San Joaquín, la región agrícola más rica del estado. Mi mamá no terminó sus estudios, se casó a los diez y seis años y se dedicó plenamente a sus tres hijas. Su familia de hacendados había perdido gran parte de su herencia durante la Revolución Mexicana, sus padres también emigraron a los Estados Unidos y trabajaron en el campo en el valle de Salinas, California.

Mi primer viaje al otro lado de la frontera fue cuando empecé a estudiar la primaria. Desde entonces he navegado entre diversos laberintos lingüísticos. Vivíamos en Salinas, California y yo era la intérprete de la casa. Aunque mi papá no estudió el inglés en México, lo hablaba bien y practicaba todos los días con sus cintas "Inglés sin Barreras." Aún así, mis padres siempre me pedían ayuda con el idioma. La verdad era que no dominaba del todo el inglés, a veces me salían las palabras sin querer y la segunda lengua me llegaba como en ecos lejanos que a veces no alcanzaba a comprender, pero esto me sirvió mucho como experiencia. Aprendí el idioma rápidamente y me acostumbré a que todos me hicieran preguntas.

Después de terminar la primaria volví a México, pero esta vez al estado de Aguascalientes, "a la tierra de la gente buena" decía con un gran orgullo mi mamá hidrocálida.

En Aguascalientes volví a vivir entre muchos mundos y desde entonces estos mundos han sido mis puntos de referencia. Estudiaba en la ciudad y vivía cerca del rancho de mis abuelos, en el pueblo de San Francisco de los Romo donde mi papá compró un terreno en una esquina a un lado de la carretera Panamericana.

Mis vivencias más memorables en Aguascalientes son las que pasé los fines de semana en la casa del rancho de mis abuelitos. Venían primos, tíos y amistades de todas partes para celebrar con elotadas y para entonar melodías románticas al son de una guitarra. A veces nos acompañaba mi bisabuela Pachita para cantarnos, "Arráncame la vida". Todos conformaban un romántico ambiente artístico y musical; uno de mis primos tocaba en una rondalla y era maestro de guitarra en la Casa de la Cultura; mi tío abuelo había hecho películas con el actor mexicano, David Reynosa; también tenía una prima que cantaba ópera. Aunque me encanta la música (como también las elotadas), desafortunadamente no heredé ese talento.

Desde que empecé la preparatoria me entró la espinita de estudiar en los Estados Unidos. En las tardes le ayudaba a mis padres en nuestra tiendita de abarrotes. Cuando cerrábamos la tienda, me subía a mi dormitorio a estudiar. Pasé muchas noches en vela estudiando para los exámenes y pensando en mis compañeras del colegio que tenían hermanos que habían terminado un "master's" en los Estados Unidos. Aunque mi familia no tenía los mismos recursos económicos, decidí que después de graduarme de la preparatoria iba a lanzarme a la aventura para terminar una carrera universitaria en los Estados Unidos de América. Mi familia me apoyó y fue así que nos mudamos al Norte.

En Salinas, California vivíamos en un pequeño apartamento a pocas cuadras de la casa donde vivió John Steinbeck. Después me matriculé en el colegio comunitario del pueblo y conocí a la Dra. Silvia Teodorescu. Gracias a ella, se me presentó la oportunidad de estudiar como becaria en el Colegio Isabel la Católica de la Universidad de Granada, España... un viaje aún más "por allá". En España estudié, viajé y me enamoré. Me enamoré del canto jondo, de la poesía de Lorca y de las calles empedradas que me recordaban a los hermosos pueblos de mi país. También me enamoré de un estadounidense y no dejé de estudiar. Quería quedarme en Europa, pero el destino me presentó a mi futuro marido, Douglas. Fue así como mi ruta se fue alargando.

Cuando regresé a Estados Unidos, Douglas y yo nos casamos y después nos mudamos a San Diego, California para estudiar en la Universidad de California en San Diego. Aquí se me abrieron muchas puertas gracias al apoyo de mis nuevas mentoras, la Dra. Beatrice Pita y Susan Kirkpatrick, Profesora Emérita de Literatura. Una de esas puertas me llevó hasta Ieper, Bélgica, un pueblo a menos de dos horas de distancia en tren a Bruselas. En este país trabajé para una empresa de tecnología como lingüista y editora de español para un programa de reconocimiento de voz. Era una empresa con un ambiente trasnacional donde se hablaban cuatro o más lenguas simultáneamente.

Después de radicar en Bélgica regresé a San Diego para trabajar como instructora de Español en la Universidad de California en San Diego. Un día, a causa de un revoloteo de papeles descubrí un anuncio de trabajo en el periódico local de San Diego. Me llamó la atención una plaza para maestro de español en un colegio particular de bachillerato. Hice la solicitud y ahora tengo casi trece años trabajando como profesora de español y de literatura en este colegio. Como educadora aprovecho cada oportunidad para colaborar con colegas en ambos lados de la frontera. Juntos hemos creado varios proyectos culturales y binacionales.

He tenido muchas oportunidades en la vida y cada una de ellas me ha llevado a diferentes lugares "reales y maravillosos". He tenido la gran suerte de conocer a personas generosas que me han ofrecido su apoyo incondicionalmente. Cada quien tiene sus propios caminos que cruzar y su propia historia que contar. Sé que existo en palabras con múltiples significados, pues ahí me ha llevado la vida. Los senderos que he navegado y las rutas que sigo buscando van formando parte de mi continua identidad. Todavía sigo viajando y casi todas las noches me quedo dormida con algún libro sobre mi rostro. Así es mi vida. Así me ha gustado vivir y así seguiré viviendo... por aquí y por allá.

Jaquelin Fematt Dutson

Revuelto

Me he vuelto a revolcar
En el lodazal que emerge de un nopal frente al llano.

Me revuelvo de barro
- en imagen poblada
- trenzuda y con pelo largo.

Ahí caída existo
En silencios, en ecos
En discursos nombrados.

Me gusta el alboroto que hago
En la soledad...
En el bullicio encantado.

Me hecho un trago de Don Pedro
Y el Rey me canto
Y volver y volver a mi tierra otra vez.

El jarabe me bailo
Y en Jalisco yo hago
Lo que no hace ningún mexicano.

Me revuelvo, me grito, me llamo
    De tierra, de barro engretado.

Y me pongo un sombrero y botas de charro
Y camino por el lago llorando a mis hijos
Que han nacido en otro lado.

Cruzo el río y grito en voces extranjeras...
Me despierto frente al mar, desnuda
 y atragantada en la arena... me levanto.

ConCiencia

El silencio canta la noche aurora sobre la cuna de mi pensar,
envolviéndome en la vieja ola de lo que fue y lo que podrá.
Gritos de una amarga llorona se acercan ahora al ventanal,
suspiros que corren huyendo a una inocente seguridad.

La luz de una noche sonora escucha la hora como verdad,
cubriéndome blancas y negras palomas que fugan al fértil de mi
pesar.
Escapa el ave María con blancos rosarios hacia el alto pedregal,
huellas que sangran y vuelan al evangelio del ángel hogar.

La Libertad Coronada en la isla que no me trajo la Paz,
leyendo nieblas de un airoso vivir con Sor Juana quisiera escapar.
Cenizas de cruces pesadas en el destierro de la intelectualidad
voces de amargos colores despiertan ahora infinita ambigüedad.

Here and There

Jaquelin Fematt Dutson

For Tito

I was born in Nuevo Ideal, Durango, a small town on the eastern side of the Sierra Madre Occidental. I have always been proud of the name of my birthplace, Nuevo Ideal (New Ideal), and it has defined me as an individual and as a woman my entire life. I lived my first years as a young child there in Durango. We lived in a pistachio colored home, built right next to my paternal grandparents' house, where I played la víbora de la mar (the sea snake) on the patio, a favorite childhood game in Mexico and elsewhere. Sometimes my mother would tell me fantastic and incredible stories while we ate quesadillas made with cheese from the local Mennonite community along with my grandmother's homemade beef jerky.

From very early on, I grew up listening to stories about "over there." Depending on where I was living at the time, "the other side" could just as easily be the United States or another part of Mexico. I was told that my paternal grandfather went to seminary school (until he met my grandmother), where he also studied chemistry. He was a good chemist and once invented a laundry detergent that became as popular as the most well known soaps in Mexico and earned a small fortune. Unfortunately, as the family story goes, a business deal went bad with the loss of a major shipment to Mexico City and my grandfather lost everything. Bankrupt, and with the need to support his sizable family, he packed up and headed para allá to "the other side" to start anew. My father began as a math teacher and soon became a successful branch manager of a bank in Camargo, Chihuahua. After his father lost everything, he chose to leave his comfortable life in Northern Mexico and joined my grandfather in Livingston, California, a small farming town on the Merced River in the agricultural heartland of the San Joaquin Valley. My mother did not finish high school. She married at age sixteen and dedicated her life to raising her three daughters. Her ancestors were landowners who had lost a great part of their inheritance during the Mexican Revolution. Her parents immigrated to the Salinas valley as agricultural workers.

My first trip to the other side of the border was when I began elementary school. Since then I have lived between many linguistic worlds. We lived in Salinas, California and I was the family interpreter. Although my father did not study English in Mexico, he spoke it well. He practiced every day with his cassettes Inglés sin Barreras. In spite of this, my parents always asked for my linguistic assistance. The truth was that my command of English was not as good as they thought and I struggled mightily. Sometimes, words would just come out of my mouth and the second language sounded to me like far away echoes that many times I did not comprehend. All of this was good experience, because I learned English rapidly and quickly became accustomed to answering questions from anyone.

After I finished elementary school, our family returned to Mexico, but this time to the state of Aguascalientes, "to the land of the good people," as my mother would proudly say of her home state. In Aguascalientes, I again lived between many worlds and this experience became my lifelong point of reference. I went to school in the city and lived close to my grandparents' ranch in the small town of San Francisco de los Romo where my father bought a corner lot facing the Pan-American Highway.

My most memorable times in Aguascalientes were those spent at my grandparents' ranch on weekends. Cousins, aunts, uncles, and friends from all over would come to celebrate with "elotadas" (corn cookouts) and to sing romantic melodies accompanied by a guitar. Sometimes my great grandmother, Pachita, would join us and she would always sing Arráncame la Vida. It was quite a cast of characters: one of my cousins was a professional serenader who played in a rondalla band and gave guitar lessons at the local Casa de la Cultura; my great uncle made movies with David Reynosa, a Mexican actor; one of my cousins was an opera singer. I love music, almost as much as the elotadas, but unfortunately, I did not inherit that same talent!

When I started high school, I began thinking about the possibility of studying in the United States. In the afternoons I would help my parents at our small grocery store. When we closed the family store for the night, I would go up to my room and study for hours. I pulled many all-nighters preparing for exams and thinking about my classmates who had brothers who had completed a Master's degree in the United States. Although my family did not have the same financial means, I decided that after graduating from high school I would return to the United States for college. My parents supported me 100% and that's why our family returned to this country.

We lived in Salinas, California, in a small apartment a few blocks away from John Steinbeck's house. Soon after, I enrolled in the local community college and met Dr. Silvia Teodorescu. Thanks to her, I had the opportunity to study in Granada, Spain on a scholarship. A trip even more más por allá. Abroad, I studied, traveled, and fell in love. I fell in love with the canto jondo and Lorca's poetry. I fell in love with the cobblestone streets that reminded me of the beautiful towns in my home country. I also fell in love with an American. I continued to study. I wanted to stay in Europe, but destiny introduced me to my future husband, Doug. And my journey took another turn.

When I returned to the United States, we got married and we moved to San Diego to study at UC San Diego. There I enjoyed many opportunities thanks to the support of newfound mentors, Dr. Beatrice Pita and Professor Emeritus Susan Kirkpatrick. One of these opportunities led me to Ieper, Belgium, where I worked for a high tech company as a linguist and editor for a Spanish voice recognition program. This was a transnational company and at any given day and time, I could hear four or more languages spoken simultaneously.

When I returned to San Diego, I went back to teaching as a lecturer in Spanish at UC San Diego. One day, while I was skimming through the local San Diego newspaper, I came across a very interesting job posting teaching Spanish at a private, college-prep high school. I applied for the position and have been teaching Spanish language, literature, and culture there for more than a decade. I take advantage of every opportunity to collaborate throughout the region and work with colleagues on both sides of our border. Together we have created several bi-national cultural projects.

I have had many opportunities in life and each and every one of them has taken me across many "magical and real" voyages. I have had the great fortune of knowing generous people who have supported me unconditionally. Everyone follows their own path and is entitled to tell their own story. I know I exist in words with multiple meanings, because that is where life has taken me. The roads that I have taken and the journeys I continue to seek are part of my continual identity. I still like to travel and almost every night I fall asleep with a book on my face. I like to live my life crossing paths here, there, and everywhere.

Jaquelin Fematt Dutson

The Return

I have returned to wallow
In the parched dirt that emerges from a cactus facing the plains.

I toss and turn in the hardened clays
- in an image filled
- with long hair and braids

There on the ground, I exist
In echoes, in silence
And in discourses persist.

I like the racket I make
In the solitude...
In the delightful confusion

I pour myself a shot of Don Pedro
And I sing the praises of the King
And I go back, back to my homeland again.

The jarabe hat dance I do
And dance it in Jalisco
Which not one Mexican does, at least nobody I know

I toss and turn, scream and shout, I am
From land, from Tonalá clay

And I put on my sombrero and cowboy boots
And I walk toward the lake crying for my children
Who were born on the other plain

I cross the river and call out in different voices...
I wake up looking at the sea, naked

And choking on the sand, I awake.

Déjame que te cuente...

Consciousness

The silence calls the dawn of night over the cradle of my thoughts
Wrapped in the safe blanket of the Past peering out at what may be
Frightful cries of the bitter Weeping Woman —la Llorona— nearing the windowsill
Scared sighs run fleeing towards a child's innocent security.

The Sonoran moonlight listens to Time as though it were the Truth
Visions of Good and Bad shroud me, drawn to my ceaseless pain
Escaping Ave Marias and white rosary for the cobblestone streets
Sorrowed footprints from the Past carry me from the sanctity of home.

The Crown of Coronado's Island of Freedom has brought me no peace
Through books, I wanted to escape to a far off world of Sor Juana
The ash of heavy crosses I bear in the exile of intellectualism
Multiple bitter voices now awaken an infinite ambiguity.

Colaboradores / Contributors

Alicia Migliarini

In memoriam

Fue profesora de AP español en Mater Dei High School en Santa Ana, California desde 1996. Fue coordinadora de los programas de instrucción de idiomas de CALINK Institute así como también los programas de español e italiano que se ofrecen en Saddleback Community Education. Hispano-hablante nativa nacida en San Luis, Argentina, estudió en el Instituto Católico Privado Aleluya, en la Universidad Católica Argentina. En los Estados Unidos completó sus estudios de enseñanza pre-escolar en Orange Coast College, Computación Aplicada a la Educación e Inglés como Segunda Lengua en la Universidad de California Irvine. Su esposo, sus hijos y su familia de Argentina fueron las personas más importantes en su vida. La recordamos profundamente por su pasión por la música, la poesía, el teatro, la literatura y la cultura latina. Que en paz descanse.

§ § §

Alicia Migliarini taught AP Spanish Language at Mater Dei High School in Santa Ana, California since 1996. She coordinated the language instruction programs offered by CALINK Institute as well as the Spanish and Italian Language Programs for Saddleback Community Education. A native speaker of the Spanish language, born in San Luis, Argentina, she studied at Aleluya Private Catholic Institute and Universidad Católica Argentina. In the US she obtained her Early Childhood Education certification at Orange Coast College, and also Computers in Education and TESOL - Teaching English to Speakers of Other Languages certifications at University of California Irvine. The most important people to her were her husband, her children and her family from Argentina. We dearly remember her for her passion for teaching language, and her love for Latin music, poetry, theatre, literature and culture. May she rest in peace.

Judith Abella Efdé

Nació en Dortmund, Alemania el 30 de junio de 1970 donde vivió hasta los cinco años de edad. Se crió y educó en Calella, un pueblo pesquero a las afueras de la ciudad de Barcelona, España a donde se mudó con sus padres Manuel Abella Ramón y Magda Efdé en enero de 1976, a los dos meses de morir Francisco Franco. Vino a los EE.UU como estudiante de intercambio para completar los dos últimos años de secundaria y poder graduarse con un certificado internacional. Durante su estancia con la familia de intercambio participó en una competencia de piano, a través de la cual recibió una beca para estudiar en la Universidad de Midwestern State en Wichita Falls, Texas donde obtuvo su bachiller en Piano y en Literatura Hispana. Se mudó a Tucson, Arizona para continuar sus estudios graduados. Recibió dos másters: uno en Lingüística Hispana y otro en Germanística de la Universidad de Arizona. Durante este tiempo tuvo la oportunidad de enseñar español, alemán e italiano en la Universidad de Arizona. Le gusta aprender nuevos idiomas, viajar y es aficionada a la fotografía y la música. Domina varios idiomas: español, alemán, catalán, inglés e italiano, y continúa aprendiendo otros más. Ofrece lecciones privadas de piano y música, y también participa en los servicios musicales de su iglesia. Radica en Tucson y ha estado enseñando español y alemán en Mountain View High School desde 2002.

§ § §

Judith Abella (Efdé) was born in Dortmund, Germany on June 30th 1970 where she lived for the first five years of her life. She was raised, however, in a fisherman town north of the city of Barcelona, Spain where she moved with her parents Manuel Abella Ramón and Magda Efdé in January of 1976, two months after the death of Francisco Franco. She came to the United States as an exchange student to complete the last two years of High School in order to graduate with an International Baccalaureate Certificate. During the stay with her host family, she participated in a piano competition, where she received a competitive scholarship to attend school at Midwestern State University, in Wichita Falls, Texas, where she pursued two Bachelor Degrees in Piano Performance and Spanish Literature. She then moved to Tucson, Arizona to continue with her graduate studies. She received two Masters' Degrees from the University of Arizona: one in Hispanic Linguistics, and the other in German Studies. During this time, she taught Spanish, German, and Italian at the University of Arizona. Judith likes learning new languages and traveling, as well as dabbling in photography and music. She is fluent in Spanish, German, Catalonian, English, and Italian, and continues to learn new languages. She teaches private piano and music lessons, and participates in music worship at her church. She resides in Tucson and has been teaching Spanish and German at Mountain View High School since 2002.

Beatriz Alem de Walker

Profesora Asociada de Español en Abilene Christian University, en Abilene, Texas, desde 1999. Tiene una maestría en Educación de ACU, una maestría en Lenguas Romances y un doctorado en Literatura Española y Latinoamericana de Texas Tech University. Su primer libro publicado por Editorial Corregidor de Buenos Aires, Argentina, se titula *Benedetti, Rosencof, Varela: El teatro como guardián de la memoria colectiva"*(2007). Ha publicado además varios artículos en revistas culturales relacionados con su campo literario y ha presentado ensayos en conferencias a nivel nacional e internacional.

Es ciudadana norteamericana, originaria de Montevideo, Uruguay. La doctora Walker y su familia residen en Texas desde 1995.

§ § §

Beatriz Alem-Walker is Associate Professor of Spanish at Abilene Christian University, where she has taught since 1999. She holds a Master's Degree in Education from ACU, a Master's of Romance Languages and a Ph.D. in Spanish and Latin American Literatures from Texas Tech University. Her first book *Benedetti, Rosencof, Varela: Theater as the Guardian of Collective Memory* was published by Editorial Corregidor, Buenos Aires, Argentina in 2007. She has published several articles in peer-reviewed journals and has presented papers in national and international conferences in the fields of literature and education.

She is an American citizen, originally from Montevideo, Uruguay. Dr. Walker and her family have resided in Texas since 1995.

Amalia de Jesús Barreiro (Güemes) Gensman

Nació en la Ciudad de México el 14 de octubre de 1946. Vive en Lawton, Oklahoma donde ha sido educadora por treinta y cinco años. Es coordinadora del Departamento de Lenguas y profesora de español en Eisenhower Senior High School en Lawton. Ha sido consultora de College Board por diez años y ha participado en la evaluación del examen de AP Lengua Española por diez años. En el año 2002 fue nombrada por el gobernador estatal y sirvió como Vice-Presidente del Comité de Selección de Libros de Texto del Estado de Oklahoma. Actualmente es miembro del Comité de Examinación para la Certificación de Maestros del estado. En septiembre de 2010, recibió el premio Arzobispo Eusebio Beltrán como educadora excepcional del año. En marzo de 2014 recibió el Golden Eagle Award por Education de Lawton Public Schools.

§ § §

Amalia de Jesus Barreiro (Güemes) Gensman was born in Mexico City on October 14, 1946. She lives in Lawton, Oklahoma, where she has taught for thirty five years. She is Coordinator of the Foreign Language Department and Spanish Teacher at Eisenhower Senior High School in Lawton. She has been a College Board Consultant for eleven years and has participated in the AP Spanish Language Exam Reading for eleven years also. In 2002, she was nominated by the governor of the state and was elected as Vice-Chair of the Oklahoma State Textbook Adoption Committee. Currently she is a member of the State Spanish Teacher's Certification Committee. In September 2010, she received the Eusebio Beltran Outstanding Catholic Educator of the Year award. In March 2014, she received the Golden Eagle Award for Education from Lawton Public Schools.

Paulina Ceja

Nació en Sinaloa, México en 1971. Ha vivido en California desde los diez años. Aunque vivió gran parte de su niñez y juventud en la ciudad de Compton, California, desde el 2005, reside en Menifee, California. Asistió a la Universidad de California, Irvine, donde recibió una Licenciatura en Español en 1995 y completó el programa de Credencial de Maestra en 1996. Desde entonces ejerce la noble profesión de maestra. Imparte clases de español y es la responsable del Departamento de Español en la escuela preparatoria Citrus Hill en Perris, California. Ha enseñado el curso de Lengua de Español AP desde el año 2001 y el curso de Literatura de Español AP desde 2003. Ha ayudado a evaluar los exámenes de Lengua de Español AP desde el 2005. Está felizmente casada y tiene dos hijos biológicos y tres adoptados.

§ § §

Paulina Ceja was born in Sinaloa, Mexico in 1971. She has lived in California since the age of ten. Although she lived much of her childhood and adolescence in Compton, California, since 2005, she has resided in Menifee, California. She attended the University of California at Irvine, where she attained a Bachelor of Arts in Spanish in 1995, and completed the Teacher Credentialing Program in 1996. Since then, she has practiced the noble profession of teaching. She teaches Spanish classes and is the leader of the Spanish Department at Citrus Hill High School in Perris, California. She has taught the AP Spanish Language course since 2001 and the AP Spanish Literature course since 2003. She has helped to read AP Spanish Language Exams since 2005. She is happily married and has raised two biological children and three adopted ones.

Ana Patricia Chmielewski

Nació en San Salvador, El Salvador. Al graduarse de bachiller del Colegio Guadalupano fue honrada con el broche de honor del colegio, una orquídea de plata. Se mudó a Estados Unidos para continuar sus estudios universitarios. Recibió su licenciatura con honores de la Universidad de Tejas de Permian Basin además de convertirse en profesora bilingüe, profesión que practicó por siete años. Obtuvo su maestría de la Universidad de Texas en San Antonio. Actualmente imparte clases de español a nivel universitario. Le interesa la tecnología especialmente su utilidad como instrumento para la enseñanza del español. Su libro electrónico de fábulas bilingües está disponible para todos aquellos que gozan de la lectura didáctica. Ana Patricia disfruta su trabajo y la satisfacción de compartir con la juventud su amor por la enseñanza.

§ § §

Ana Patricia Chmielewski was born in San Salvador, El Salvador. Upon graduating with a diploma from Guadalupano College, she was honored as valedictorian with the brooch of honor, a silver orchid. She moved to the United States to continue her studies at the University of Texas at Permian Basin, earning her diploma with honors. After becoming a bilingual instructor, a profession she practiced for seven years, she obtained her master's degree from the University of Texas at San Antonio. At present, she teaches classes at the university level. Current interests include online language instruction and online support for language students. Ana Patricia maintains an online portal and cluster of Spanish Learning Websites. She co-authored an e-book of bilingual fables.

Juana Cortez Bilbao Pignataro

Nació en Calama, Chile —el desierto más árido del mundo— hija de padres chilenos y de descendencia española y boliviana. Se casó en 1966 e inmigró a los Estados Unidos. Es maestra jubilada de escuela primaria del programa bilingüe en Worcester, Massachusetts. Sus pasatiempos son la música, arte, poesía, el ejercicio, nutrición, trabajo y performance cultural chileno comunitario.

§ § §

Juana Cortez Bilbao Pignataro was born in Calama, Chile – the most arid desert of the world– to Chilean parents, of Spanish and Bolivian ancestry. She married in 1966, and immigrated to the United States. She is a retired elementary school teacher serving in the bilingual program in Worcester, Massachusetts. Her pastimes are music, art, poetry, exercise, nutrition, and community work and Chilean culture performance.

Aída Cragnolino

Nació en Buenos Aires en 1938, hija de una familia judía que no mucho antes había escapado del infierno europeo. En 1964 obtuvo su título de Abogada de la Facultad de Derecho de la Universidad de Buenos Aires donde ejerció su profesión por 10 años.

Tuvo que emigrar a los Estados Unidos a consecuencia de la persecución desatada por el régimen militar (1976-1984). En The Ohio State University se graduó con un doctorado en Literatura Latinoamericana. Fue profesora de Español y Literatura Latinoamericana en Long Island University y en Texas Lutheran University por 15 años. Publicó un libro y varios trabajos de teoría literaria. Su compañero de 44 años falleció en 2009.

§ § §

Dr. Aída Cragnolino was born in Buenos Aires in 1938 to a Jewish family that had just escaped the European hell not long before. In 1964, she graduated with a Law Degree from the Universidad de Buenos Aires and she practiced law for ten years.

She had to migrate from Argentina to the USA as a consequence of the military regime (1976-1984). She obtained a Ph.D. in Latin American Literature from Ohio State University and worked as professor in Long Island University and Texas Lutheran University for 15 years. She published a book and several articles on literary theory. In 2009, she lost her partner of 44 years.

Jaquelin Fematt Dutson

Desde 2001 es maestra de español en el colegio La Jolla Country Day. Participa en varias organizaciones nacionales e internacionales. Recibió la beca EE Ford de Desarrrollo Profesional para el proyecto binacional y bilingüe con la Universidad Autónoma de Baja California, Tijuana y con el dramaturgo mexicano, Hernán Galindo, por *Los Niños de Sal*. Desde 2006 es coordinadora del Examen Nacional de Español (NSE) y la AATSP en San Diego. En 2007 fue coordinadora regional de la conferencia AATSP en esa misma ciudad. Ha participado como AP reader en los exámenes de Lengua de Español desde 2008.

§ § §

Jaquelin Fematt Dutson joined the Upper School faculty of La Jolla Country Day School in 2001, where she continues teaching Spanish as a member of the World Languages Department. She is engaged in a wide-range of national and international collaborations and was awarded an EE Ford Professional Growth Grant for the bi-national theatre project with Universidad Autónoma de Baja California (Tijuana) and playwright Hernán Galindo, entitled *Los Niños de Sal*. She is currently the San Diego Chapter President for both the National Spanish Exam (NSE) and the AATSP, serving as Conference Chair for AATSP 2007 convention also in San Diego. Since 2008, she has been selected by Educational Testing Service (ETS) as a reader for the national Advanced Placement Spanish Language exam.

Ana María González

Originaria de la ciudad de Taxco, Guerrero, México. Terminó sus estudios de maestra normalista en Iguala, Guerrero en 1984. Trabajó como maestra de primaria en el área metropolitana de la Ciudad de México y después en el estado de Guerrero. En 1991 se graduó de la Escuela Normal Superior FEP con una Licenciatura en Lengua y Literatura. De 1992 a 1994 laboró como profesora de lengua en el Centro de Enseñanza para Extranjeros (CEPE) de la Universidad Nacional Autónoma de México (UNAM) campus

Taxco. En 1994 inició una maestría en la Universidad de Toledo en Ohio para continuar en UMass-Amherst de la cual recibió su doctorado en 2002. Actualmente labora como profesora asociada en la Universidad Luterana de Texas en Seguín donde enseña cursos de lengua, literatura y cultura. Participa activamente en diferentes organizaciones hispanas locales, varias de las cuales realizan un esfuerzo para preservar la historia de los hispanos en el área.

Ha viajado extensamente por Latinoamérica, Europa y Asia, es aficionada a la fotografía y a la poesía; participa continuamente en congresos internacionales de lengua y literatura. Además de múltiples artículos de investigación literaria, entre sus publicaciones se encuentran: el poemario *Oquedad* (2010), la reproducción de la primera colección poética de 1880 de la dominicana Salomé Ureña de Henríquez (2012), Historias de Seguín (2013), la edición crítica y anotada del poema épico *La Cristiada* del español Diego de Hojeda (2012) y los volúmenes I y II (en 2012, 2013 respectivamente) de la presente antología.

§ § §

Ana María González was born in Taxco, Guerrero, Mexico. She obtained her Elementary School Teacher Certificate from the Escuela Normal de Iguala, Guerrero in 1984. She worked as elementary school teacher in the metropolitan area of Mexico City until 1989, when she returned to her hometown, Taxco, to take a position at a printing shop as chief editor. She later resumed her teaching career at elementary school level.

She completed her Bachelor of Arts Degree in Spanish Language and Literature in 1991. From 1992 to 1994 she worked as a Spanish Professor at the School of Language for Foreign Students (CEPE), a part of the National University of Mexico (UNAM). In 1994, she started her graduate studies in Toledo Ohio, which she continued in Amherst, Massachusetts. She received her doctoral degree in 2002, and is an Associate Professor of Spanish at Texas Lutheran University in Seguin, Texas. She actively volunteers and collaborates with various local Hispanic organizations, several of which strive to preserve the history of the Hispanics in the area.

She enjoys photography, poetry, and traveling; she has traveled extensively in Latin America, Europe and Asia, and often participates at international language and literature conferences. In addition to several literary articles, her publications include the poem collection *Oquedad* (2010), her edition of the first poetry collection of 1880 by Dominican Salomé Ureña de Henríquez (2012), *Seguin Stories* (2013, 2014), *La Cristiada* by Spanish poet Diego de Hojeda (2012) and volumes I and II (2012, 2013) of this anthology.

Wilfredo Hernández

Venezolano de nacimiento (1963) y estadounidense por decisión propia (2012), tiene una licenciatura en Idiomas Modernos (Universidad Central de Venezuela, 1990), una maestría y un doctorado en Letras Hispanas (Universidad de Connecticut, 1998 y 2002, respectivamente). Actualmente es Profesor Asociado de Español en Allegheny College, Meadville, Pensilvania. Ha publicado numerosos artículos sobre literatura hispanoamericana en revistas y volúmenes arbitrados en Estados Unidos, Holanda y Venezuela. Actualmente está concluyendo su primer libro, *Venezuela maricona*, donde analiza obras de tres escritores venezolanos contemporáneos: Isaac Chocrón, Armando Rojas Guardia y Boris Izaguirre.

§ § §

Wilfredo Hernández, Venezuelan by birth (1963) and American by choice (2012), has a bachelor's degree in modern languages (Universidad Central de Venezuela, 1990) a master's and a doctorate in Hispanic literature (University of Connecticut, 1998 and 2002, respectively). Currently, he is an Associate Professor of Spanish at Allegheny College in Meadville, Pennsylvania. He has published numerous articles about Latin American literature in journals and edited volumes in the U.S., Holland and Venezuela. Presently, he is concluding his first book, *Venezuela Maricona*, where he analyzes the works of three contemporary Venezuelan authors: Isaac Chocrón, Armando Rojas Guardia and Boris Izaguirre.

Francisco J. Martínez

Es profesor asociado de español en la Universidad Estatal del Noroeste de Oklahoma; Licenciado en Educación en TESOL de la Universidad de Oriente, Cumaná, Venezuela; Magister en Educación en Docencia e Investigación de la Universidad Simón Rodríguez, Caracas, Venezuela y Doctor en Educación en Estudios Aplicados a la Educación de la Universidad Estatal de Oklahoma en Stillwater, Oklahoma. Cuenta con más de 20 años de experiencia docente en lenguas extranjeras. Ha sido un lector de AP desde 2009. Ha destacado por su excelencia en la docencia, la investigación y la extensión académica. La mayor parte de su investigación ha sido en la Adquisición del Lenguas. También ha presentado sus trabajos de investigación en las organizaciones relacionadas con idiomas extranjeros a nivel local, regional, nacional e internacional. Recientemente, ha estado enseñando español usando tecnología de punta en educación a distancia así como en aula de clase tradicional.

§ § §

Dr. Francisco Martinez is currently an Associate Professor of Spanish at Northwestern Oklahoma State University. He holds a B. Ed. in TESOL from Orient University, Cumana, Venezuela; a M. Ed. Teaching and Research from Simon Rodriguez University, Caracas, Venezuela; and a Doctorate of Education in Applied Educational Studies from Oklahoma State University in Stillwater, Oklahoma. He has over 20 years of teaching experience in

World Foreign Languages and has been an AP Reader since 2009. His greatest achievements are excellence in teaching, research, and scholarship. Most of his research has been in Language Acquisition, published in Academic Journals. He has also presented his research papers at local, regional, national, and international World Foreign language organizations. Recently, he has been teaching Spanish using advanced technology in distance learning and traditional format classes.

Rosario Montelongo de Swanson

Originaria de México, es profesora de español y de literatura latinoamericana en la Universidad de Marlboro en Vermont, EEUU. En 2011 recibió el Premio Victoria Urbano en drama por su obra *Metamorfosis ante el espejo de obsidiana* otorgado anualmente por la Asociación Internacional de Literatura y Cultura Femenina Hispánica (AILCFH), misma que fue estrenada en septiembre de 2013. Sus artículos sobre la escritura de mujeres han sido publicados en revistas especializadas como *Letras Femeninas*, *Hispanic Journal*, *Hispania*, *Alba de América*, *Revista Iberoamericana* y *MARGES* (editada por Le Groupe de Recherche et d'Études sur Les Noir-e-s d'Amérique Latine, Université de Perpignan, Francia).

§ § §

A native of Mexico, Rosario M. de Swanson is a professor of Spanish and of Latin American literature at Marlboro College in Vermont, USA. In 2011, she received the Victoria Urbano Award in drama for her play *Metamorphoses Before the Obsidian Mirror*, an award given annually by the International Association of Hispanic Women's Literature and Culture (AILCFH), which premiered in September 2013. Her articles on women's writing have been published in specialized literary journals such as *Letras*

Femeninas, Hispanic Journal, Hispania, Alba de America, Revista Iberoamericana, and *MARGES* (edited by Le Groupe de Recherche et d'Études sur Les Noir-e-s d'Amérique Latine, Université de Perpignan, France).

Mariela Muñoz de Patton

Nació en la ciudad de Panamá en 1952. Hija de Antonio y Leonora Muñoz y la quinta de seis hermanos. Estudió Dibujo de Ingeniería en la Universidad |Tecnológica de Panamá y trabajó por 12 años en esa profesión. En 1984 se casó y se mudó a Lawton, Oklahoma. De 1988 a 1990 vivió en Alemania donde trabajó para el gobierno americano y viajó por muchos paises europeos. En 1990 regresó a Virginia y en 1992 volvió a Oklahoma. Posteriormente obtuvo una maestría en la enseñanza en la Universidad de Cameron en Lawton, con especialización en Lenguas Romances. Ha trabajado como instructora en la misma universidad y actualmente enseña español en Eisenhower High School.

§ § §

Mariela Muñoz de Patton was born in Panama City, Panama in 1952 to Antonio and Leonora Muñoz, the fifth of six children. She studied Engineering and Drafting at the Technological University of Panama, and worked for twelve years in Panama City as a drafting engineer. In 1984, she married and relocated to Lawton, Oklahoma in the United States. From 1988 to 1990, she lived in Germany where she worked for the American government. While living in Germany, she traveled to many European countries. In 1990, she returned to the United States, living first in Virginia for two years and then returning to Oklahoma in 1992. She obtained a Master's Degree in Education at the Cameron University in Lawton, Oklahoma, with a specialization in Romance Languages. She has worked as a professor at the same university and continues to teach Spanish at Eisenhower High School.

Alberto Julián Pérez

Crítico e investigador argentino (Ph.D. New York University, 1986) autor de *Revolución poética y modernidad periférica*, Corregidor, 2009; *Imaginación literaria y pensamiento propio*, Corregidor, 2006; *Los dilemas políticos de la cultura letrada*, Corregidor, 2002; *Modernismo, Vanguardias, Postmodernidad*, Corregidor, 1995; *La poética de Rubén Darío, Orígenes*, 1992 (2da. edición revisada Corregidor, 2011) y *Poética de la prosa de Jorge Luis Borges*, Gredos, 1986. Es Profesor de Literatura Argentina e Hispanoamericana en Texas Tech University y dirige junto con María Fernanda Pampín, la prestigiosa colección *Nueva Crítica Hispanoamericana* para Editorial Corregidor. Ha publicado dos obras de ficción: *La Maffia en Nueva York*, 1988 y *Melodramas políticos*, 2011.

§ § §

Alberto Julian Perez is an Argentinian critic and researcher (Ph.D. New York University, 1986). His published works include the following critical essays: *Revolución poética y modernidad periférica*, 2009; *Imaginación literaria y pensamiento propio*, 2006; *Los dilemas políticos de la cultura letrada*, 2002; *Modernismo, Vanguardias, Postmodernidad*, 1995; *La poética de Rubén Darío*, 1992 and *Poética de la prosa de Jorge Luis Borges*, 1986. He is a professor of Argentinian and Hispano-American literature at Texas Tech University and together with María Fernanda Pampín, directs the prestigious collection *Nueva Crítica Hispanoamericana* for Editorial Corregidor. He has published two books of fiction: *La Maffia en Nueva York*, 1988 and *Melodramas políticos*, 2011.

Margarita E. Pignataro

Profesora temporal en Whitman College (2012-2014). Su investigación incluye: estudios de género, civilizaciones del sureste estadounidense, literatura y cultura fronteriza mexicana estadounidense, inmigración latinoestadounidense, estudios religiosos, estudios latinoamericanos y estudios latinoestadounidenses incluyendo media y performance, y poesía y música afrolatina caribeña. Su obra teatral de un acto *A Fifteen Minute Interview with a Latina* se encuentra en *Telling Tongues: A Latin@ Anthology on Language Experience* y otra obra "Bouncing from Bronx Boricua and Chilling with La Latina Chilena" en la revista en línea *Label Me Latina/o*.

§ § §

Margarita Pignataro is a Visiting Professor at Whitman College (2012-2014). Her areas of study include Gender Studies, Civilizations of the U.S. Southwest, U.S.-Mexican Border Literature and Culture, Latino-U.S. Immigration, Religious Studies, Latin American Studies, U.S. Latino Studies including Media and Performance, and Afro Latina Caribbean Poetry and Music. Her one-act play *A Fifteen Minute Interview with a Latina* can be found in *Telling Tongues: A Latin@ Anthology on Language Experience* and another work "Bouncing from Bronx Boricua and Chilling with La Latina Chilena" in the online journal *Label Me Latina/o*.

Bernardo Torres

Dominicano de nacimiento, llegó a los Estados Unidos en 1977. Recibió una maestría en Novela Latinoamericana del Siglo XX en la Universidad de Binghamton. Desde entonces ha trabajado en el área de la enseñanza de la lengua española en varios colegios y universidades: College of Saint Rose, Brooome Community College, Fulton-Montgomery Community College, Union College, Skidmore College e Ithaca College.

Ha publicado en el área de la tecnología y la enseñanza así como sobre temas literarios: *Some technologies, trends, and price break troughs offering advantage to teachers in the 21st Century*, co-editor. Fifth Annual Teaching in the Community Colleges ONLINE Conference. *Valoración e ironía en "Arráncame la vida" de Ángeles Mastretta*. Ensayo presentado en la 10th. Annual Conference for Modern Languages and Literature, Binghamton University. *Revisiting the Black Side of the Web* en la Third Annual Teaching in the Community Colleges Online Conference: *Trends and Issues in Online Instruction, KCC*. Co-editor *Experiences and conclusions on what and how to coach students in multimedia theory and multimedia creation in a variety of contexts.* (ED-MEDIA/ED-TELECOM 97, Association for the Advancement of Computing in Education). Co-editor *So you want your language students to create multimedia content for distance learning!* Teaching in the Community Colleges, presentado en la Second Annual Teaching in the Community Colleges Online Conference: *Trends and Issues in Online Instruction*, Kapiolani Community College, Honolulu, Hawaii. Artículo *Libertad y subjetividad en "La niebla" de María Luisa Bombal*. De la Letra, 1(2), State University of New York at Albany. Artículo *Los avatares de Ana Ozores*. De la Letra. 1(1), State University of New York.

Gabriel Trujillo Muñoz

Poeta, narrador y ensayista. Miembro correspondiente de la Academia Mexicana de la Lengua desde 2011. Creador emérito de Baja California en 2012. Ha publicado libros de poesía, ensayo, crónica, periodismo cultural, narrativa policiaca, histórica, fronteriza, de ciencia ficción y fantasía. Su obra ha sido traducida al inglés, japonés, francés, alemán e italiano. Novelas suyas han sido publicadas en España (Bellacqua), Argentina (Lumen), Colombia (Norma), Canadá (Les Allusifs), Italia (Feltrinelli), Francia (Gallimard) y Alemania (Unionsverlag). Entre sus obras más recientes se encuentran *Trenes perdidos en la niebla* (Jus, 2010), *Moriremos como soles* (Grijalbo, 2011), *La falsa memoria* (Librería El Día, 2013) y *Poemas civiles* (Amargord, España, 2013).

§ § §

Gabriel Trujillo Muñoz was born in Mexicali, Baja California in 1958. He is a poet, narrator and essay writer. He is a member of the Academia Mexicana de la Lengua (Mexican Language Academy) since 2011, and he was distinguished with the title of Emeritus Creator for Baja California in 2012. Trujillo Muñoz has published books of poetry, essay, chronicle, cultural journalism, detective fiction, historical fiction, border literature, science fiction and fantasy. His work has been translated into English, Japanese, French, German and Italian. Some of his novels have been published in Spain (Bellacqua), Argentina (Lumen), Colombia (Norma), Canada (Les Allusifs), Italy (Feltrinelli), France (Gallimard) and Germany (Unionsverlag). Among his most recent works of fiction are *Trenes perdidos en la niebla* (Jus, 2010), *Moriremos como soles* (Grijalbo, 2011), *La falsa memoria* (Librería El Día, 2013) and *Poemas civiles* (Amargord, España, 2013).

Agradecimientos / Acknowledgements

Una vez más, gracias a todos los que respondieron a mi llamado
para este proyecto.

Once again, thanks to all who responded to my call for this
project.

Contenido / Contents

Jaquelin Fematt Dutson – México